巴尔扎克作品鉴赏辞典

上海辞书出版社文学鉴赏辞典编纂中心　编

上海辞书出版社

前　言

巴尔扎克是19世纪法国批判现实主义作家,他不仅在法国文学史上有着崇高的地位,在世界文学中也有着重要的影响力。

1799年5月20日,巴尔扎克出生于法国图尔。他的父亲原是农民,靠个人奋斗跻身资产阶级,并将姓氏加入了象征贵族的"德"。巴尔扎克从小就进入寄宿学校念书,又在家人的希望下学习法律,但他的志向仍在文学。1816年巴尔扎克先后在律师、公证人事务所做过实习生。这段经历成为他的文学创作的素材宝库。1819年,巴尔扎克离开事务所,住进阁楼,决定开始专心从事文学创作。然而他的创作之路开始并不顺利,十年间虽然创作作品颇多,却反响寥寥。为缓解经济压力,他开办印刷厂,从事出版业,却也经营失败,负债累累。直到1829年,他发表了长篇小说《舒昂党人》,这也是《人间喜剧》的第一部作品。此后,他发表了一系列描绘世情的中短篇小说,收入《私人生活场景》《十九世纪风俗研究》等小说集出版。1839年,巴尔扎克在给出版商的信中第一次提到了"人间喜剧"这个设想,准备将作品构建为一个完整的系统。1843年,《人间喜剧》开始分卷出版。到1848年,《人间喜剧》一共出版了17卷,包括91部小说,分为私人生活场景、外省生活场景、巴黎生活场景、军事生活场景、政治生活场景、乡村生活场景六类。巴尔扎克为写作投入了大量的精力,常常废寝忘食、夜以继日地创作。这对他的身体造成了严重的伤害,令他重病缠身。1850年8月18日,这位伟大的作家病逝在家中。

《人间喜剧》被恩格斯称为"现实主义的最伟大胜利之一"。巴尔扎克作为"19世纪法国历史的书记官",在作品中塑造了成百上千个形形色色的人物,从资本家、贵族、政客、主教到农民、小职员、艺人、工人,遍及社会各个阶层。他批判资本主义社会金钱关系下的人情冷漠与人性扭曲,揭露资产阶级染血的发家史和唯利是图又故作伪善的嘴脸,嘲弄政坛和司法界的腐朽,展示了一幅幅广阔的19世纪法国社会图景。巴尔扎克擅长用细腻逼真的环境烘托人物性格,将环境作为产生人物性格的土壤,又擅长以对话、外貌等描写多角度进行人物描写,将典型人物刻画得惟妙惟肖,其中如吝啬鬼老葛朗台等经典形象,历经百年依旧深入人心。由于在小说创作艺术上的贡献,巴尔扎克被尊为法国现代小说之父,雨果称赞他为"最优秀的作家中最崇高的一个"。

  为了使今天的读者更好地领略巴尔扎克作品的魅力所在,本书选取巴尔扎克长篇、中短篇小说作品10篇及散文《谈谈艺术家》的精彩段落,采用经典译本,辅以鉴赏文章,分析作品的思想内涵、艺术手法、语言特色等。书后并附有巴尔扎克生平及创作年表以供参考。不足之处,还望读者指正。

上海辞书出版社文学鉴赏辞典编纂中心
2015年9月

小说

9　刽子手
22　驴皮记
35　红房子旅馆
50　夏倍上校
75　钱袋
100　欧也妮·葛朗台
114　高老头
129　幻灭
143　亚尔培·萨伐龙
167　邦斯舅舅

散文

183　谈谈艺术家

附录

195　巴尔扎克生平与创作年表

小说

刽子手

献给玛蒂奈·德·拉罗萨①

门达小镇的钟楼刚敲过午夜 12 点。这当儿,在门达宫堡花园四周的一长溜平台上,有一个年轻的法国军官斜倚着胸墙,仿佛堕入沉思冥想之中;军旅生活的无忧无虑一般是与这种深思不相容的。但话得说回来,再没比眼下的时间、位置和夜晚更有利于凝思默想的了。西班牙美丽的夜空在他头顶张开湛蓝的穹顶。闪烁的星光和柔和的月色照亮了幽雅地伸展在他脚下的迷人山谷。这个营长靠着一棵繁花满枝的橘子树,可以看到百尺底下的门达镇;宫堡建筑在巉岩上,而城镇坐落在巉岩脚下,似乎是为了躲避北风。扭过头,他望见大海,闪烁的海水泛出一大片银光,装点着这景色。宫堡灯火通明。舞会欢乐的喧闹声,乐队的音乐声,军官们与他们的舞伴的嬉笑声,夹杂着远方的波涛声,一直传到他耳朵里。夜晚的凉爽给他被白天的溽热弄乏了的身子注入一股活力。再说,花园里种满了芬芳扑鼻的树木和清香阵阵的花朵,年轻人仿佛觉得自己沐浴在香汤之中。

门达宫堡属于一个西班牙最煊赫的贵族,这时他同全家一起住在里面。整个晚上,他的大女儿神情忧郁而又十分关切地凝望着这个军官,西班牙女子流露出来的同情不免引起那个法国人的沉思。克拉拉长得俏丽动人,虽然她有三个兄弟和一个妹妹,但莱加奈斯侯爵的财产十分可观,维克多·马尔尚有理由相信,这个姑娘将来会有一笔丰厚的嫁妆。可是,又怎么敢相信,这个最看重自己爵位的西班牙老人,会把女儿下嫁给巴黎杂货商的儿子呢!再说,人人都恨法国人。管辖全省的戈蒂埃将军怀疑侯爵策动一次拥戴斐迪南七世②的叛乱,由维克多·

原文

马尔尚指挥的一个营便驻扎在门达小镇,以控制附近一带听命于莱加奈斯侯爵的村落。奈伊元帅最近的一次急报令人担心英国人不久要在海岸登陆,急报还指出侯爵这个人同英国政府暗中有勾结,因此,这个西班牙人虽然热烈欢迎维克多·马尔尚和他的部下,年轻军官还是时刻保持戒备。他走到这个平台上,观察归他镇守的这个市镇和附近乡村的形势,心里纳闷,侯爵不断对他表示友谊该怎么解释,当地的平静与将军的不安又怎能协调一致。但一刹那间,年轻营长产生了一种谨慎情绪和合情合理的好奇心,上述的思绪便烟消云散了。他看到市镇里灯光星星点点。尽管今天是圣雅克节③,他一早就发布命令,灯火一律在他规定的时间内熄灭,只有官堡不在此例。他在固定的岗哨处,这儿那儿看到他的士兵的刺刀闪闪发亮;但寂静显得庄严肃穆,没有任何迹象表明西班牙人沉浸在节日的狂欢中。他捉摸了一会儿居民为什么要违犯他的命令,觉得这明知故犯中有个秘密,尤其是他已留下一批军官值夜和巡逻,这秘密就越加不可思议。他带着青年人的好冲动劲儿,正要越过一个缺口,飞快地从巉岩跑下去,希望比走正道更快地到达通往官堡的镇口那个小岗哨,这时有个轻微的响声止住了他往前走。他仿佛听到一个女人轻盈的脚步落在小径上的沙沙声。他扭过头去,什么也没有看到;可是他的目光被大海上异乎寻常的闪光吸引住了。猛然地他瞥见一幅令人沮丧的景象,他惊得目瞪口呆,还以为自己看花了眼。皎洁的月光使他依稀看到远方有几点帆影。他战栗起来,竭力要自己相信,他所看到的只是月光波影给视觉造成的幻象。这当儿,有一个沙哑的声音喊着这军官的名字,他向缺口望去,看到那个陪伴自己到官堡来的士兵慢慢探出头来。

"是您吗,营长?"

"是的。怎么样?"年轻军官低声说,有种预感警告他一举一动要

原文

隐蔽。

"这些坏蛋像虫子一样蠢蠢欲动。我赶紧跑来,如果您允许的话,就把我看到的一点零碎情况报告给您。"

"说吧。"维克多·马尔尚回答。

"我刚才在跟踪官堡里的一个人,他手提灯笼朝这边走来。这盏灯笼教人大起疑心!我不信这个教徒在这个时候需要点什么蜡烛。我心里嘀咕着:'他们想吃掉我们!'于是我就紧追着他。营长,结果我发现,离这儿不远的地方,在一块岩石上,有一大堆柴禾。"

骤然间一声可怕的呐喊在市镇发出震响,打断了士兵的话。一道闪光突然照亮了营长。可怜的士兵头上中了子弹,倒在地上。一堆麦秸和干木柴燃起的篝火在离年轻军官不远的地方,像发生一场火灾似的照亮了夜空。舞厅里的乐器声和欢笑声也听不到了。死一般的寂静顿时代替了节日的喧嚣和音乐,但不时传来呻吟的声音。在白茫茫的海面上响起一下炮声。年轻军官的脑门上沁出了冷汗。他没带佩剑。他明白他的士兵都阵亡了,英国人就要登陆。他眼看自己活着就是耻辱,要传到军事法庭受审;于是他目测了一下峡谷的深度,正要纵身跳下,这时克拉拉的手抓住了他的手。

"快逃吧!"她说,"我的几个兄弟跟在我后面,要来杀您呢。那边,在岩石脚下,您可以找到胡安尼托那匹安达露西亚马。快点!"

她推他走,年轻人一时呆住了,怔怔地望着她;一会儿,他服从了连最强有力的人也具有的保存自己的本能,顺着花园里她指出的方向奔去,越过重重叠叠的岩石,至今只有山羊攀登过这些地方。他听到克拉拉喊着她的兄弟们去追赶他;他听到要赶来杀他的人的脚步声;他听到好几发子弹在耳畔呼啸而过;他赶到谷底,找到了马,骑了上去,像闪电般迅速,霎时间变得无影无踪。

原文

几小时以后,年轻军官来到戈蒂埃将军的司令部,将军正在同他的参谋们共进晚餐。

"我把自己的头给您送来了!"营长嚷着说,脸色刷白,神情懊丧。

他坐了下来,叙述了这次骇人的经历,他叙述时周围是一片恐怖的静默。

"我看,你的不幸超过你的罪过,"可怕的将军终于回答说。"西班牙人犯下的罪行不该由你来负责;除非元帅另作裁决,我赦你无罪。"

这番话只给倒霉的军官非常微弱的安慰。

"要是皇帝知道了这件事呢!"他嚷着说。

"他会把你枪决的,"将军说,"不过以后再说吧。"他严厉地接着说:"总之,我们先不谈这件事,不如谈谈怎样报仇,来一次恐怖行动,对这个用野蛮人方式打仗的地方那是不无裨益的。"

一小时以后,一整团步兵、一队骑兵和一队炮兵上了路。将军和维克多走在队列的前面。士兵们知道他们的兄弟被屠杀以后,怀着满腔的愤怒。他们以惊人的速度走完了从司令部到门达镇的距离。一路上,将军看到有些村子已经全部戒备森严。这些可怜的村庄个个都受到包围,村民很多被杀死了。

由于某种不可解释的厄运,英国船队在中途停止不前;后来才知道,这些船只是载运炮队的,因为行驶太快,超出了其他的运输舰。这样一来,门达镇失去了翘首盼望的救兵;而英国船队的出现似乎带来了希望。门达镇被法国军队几乎一枪不发就包围起来。居民们慌了手脚,情愿无条件投降。那些杀死法国人的凶手,鉴于将军出名的残忍,预见到门达镇兴许会被付之一炬,全体居民将惨遭杀戮,于是出自一种在这个半岛上并不算罕见的献身精神,向将军提出投案自首。将军接受了这个提议,同时提出条件:宫堡里的人,从最末等的仆人到侯爵,都

原文

要交给他处置。这个投降条件得到同意以后,将军答应赦免其余的居民,并且不许士兵抢劫市镇或纵火焚烧。但还征收了巨额罚金,要在24小时内付清,又把最有钱的居民扣押起来,以保证能付清款项。

将军采取了一切必要的措施,保证他部队的安全,处处设防,不让部下住进民房。安营扎寨以后,将军登上官堡,军队随之占领。莱加奈斯的全家和仆人都上了绑,关在举行舞会的那个大厅里,被严密看守起来。从大厅的窗口望出去,可以一览无遗地看到高踞在市镇之上的平台。参谋部设在附近的一个拱廊里,将军首先在那里召开会议,采取措施防止英国人登陆。将军和他的参谋部派遣一个副官向奈伊元帅报告,并下令在海岸设立炮台,然后,才着手处理俘虏。居民们献出的200名西班牙人,立即在平台上枪决了。执行过这一军法之后,将军下令,官堡大厅里有多少人,就在平台上竖起多少个绞刑架,并命令把镇上的刽子手叫来。维克多·马尔尚利用饭前的片刻去看看俘虏。他旋即回到将军那里。

"我特地跑来,"他用激动的嗓门对将军说,"向您求情。"

"你来求情!"将军用刻薄的讽刺语调说。

"唉!"维克多回答,"我求的情也是凄惨的。侯爵看到竖起了绞刑架,希望您能换一种酷刑来处死他全家,他恳求您下令对贵族们施以斩首之刑。"

"好吧。"将军说。

"他们还请求给他们做圣事,并且给他们松绑;他们答应不会设法逃走。"

"我都同意,"将军说,"不过你得向我负责。"

"老人还愿意把他的全部家产都给您,要是您肯赦免他的小儿子的话。"

"当真!"将军回答,"他的财产已经属于约瑟夫国王④。"

他停顿了一下,一种轻蔑的想法使他蹙紧额角,他添上说:"我要额外满足他们的愿望。我捉摸出他最后一个请求的重要性。好吧,就让他买下他的姓氏,传宗接代,但要让西班牙永远记得他的叛变和他所受的酷刑!他的儿子中,有谁肯代替刽子手的职务,我就把侯爵的财产留给他,赦他不死。就这样,别再对我提这件事了。"

晚饭开上来了。入席的军官因为劳累,胃口大开,虎咽狼吞。他们中间只有维克多·马尔尚一个人缺席就餐。他犹豫再三,才走进大厅;高傲的莱加奈斯全家在那里呻吟叹息。他对大厅里这幅景象投去忧郁的目光,前两天,他还看见那两个姑娘和三个年轻人随着华尔兹舞曲移步回旋。他想到过不多久他们的头就要被刽子手的刀砍下来在地上翻滚,便战栗起来。父亲、母亲、三个儿子和两个女儿都被绑在金漆的扶手椅上,完全不能动弹。8个仆人站着,双手反剪在背后。这15个人庄重地相对而视,他们的眼睛几乎不流露出内心汹涌起伏的感情。只有在几个人的眉宇间看得出深深的忍辱受命和对起事失败的惋惜。几个纹丝不动的士兵看守着他们,郑重地注视着这几个残酷的敌人的苦痛。待到维克多出现,大家脸上才出现好奇的表情。他命令士兵松绑,自己也过去解开把克拉拉像犯人一样缚在椅子上的绳索。她惨然一笑。军官情不自禁地抚摸着姑娘的双臂,一面赞赏她黑乌乌的长发和柔软的腰身。这是一个地道的西班牙少女:她有西班牙人的肤色,西班牙人的眼睛,长长的弯弯的眼睫毛和比乌鸦翅膀还要黑的眸子。

"您成功了吗?"她一面说,一面对他露出凄惨的微笑,笑容里依然有少女的妩媚。

维克多不由得叹了一口气。他轮流看着克拉拉和她的三个兄弟。最年长的一个有30岁,身材矮小难看,神情高傲,目空一切,举止不乏

原文

某种高贵风度,从前使西班牙人的风流倜傥遐迩闻名的细腻感情与他似乎并非格格不入。他名叫胡安尼托。她的第二个兄弟菲利普约莫20岁。他长得像克拉拉。小兄弟只有8岁,叫玛努埃尔。一个画家会在他的面容上找到一点罗马人的坚韧性格,达维德⑤在他的具有共和思想的画幅中就这样去表现小孩。老侯爵满头白发,仿佛是从穆里略⑥的画中走出来的人物。看到这幅情景,年轻军官摇了摇头,不相信这4个人会有哪一个肯接受将军的交换条件;他只敢把这件事告诉克拉拉。西班牙姑娘先是哆嗦了一下,但马上恢复了镇定,走过去跪在父亲面前,开口说:

"噢!您要让胡安尼托起誓,忠实地服从您给他的命令,我们的要求就会得到满足。"

侯爵夫人先是感到有希望,激动得颤抖不已;待她俯身向着丈夫,听到克拉拉可怕的传话时,这个母亲便昏厥过去。胡安尼托什么都明白了,也像笼中的狮子那样蹦跳起来。维克多从侯爵那里得到完全服从的诺言以后,自己做主,把士兵们打发走了。仆人们被带了出去,交给刽子手绞死了。待到只有维克多看守这一家人的时候,年迈的父亲站起身来。

"胡安尼托!"他喊了一声。

胡安尼托只将头低下作为回答,这就等于拒绝;他跌坐在椅子里,用严厉而可怕的目光注视着他的双亲。克拉拉走过去坐在他的膝上,手臂搂住他的脖颈,吻着他的眼皮,神情快乐地说:

"我亲爱的胡安尼托,你要知道,由你来赐我一死,我会觉得多么甜蜜呀!我就用不着忍受刽子手可恶的手接触我。你可以使我免去等待着我的痛苦,……我的好胡安尼托,你不愿看到我落入别人手里,是不?"

她那双柔和的眼睛对维克多投以火一样的一瞥,仿佛要在胡安尼托的心里唤起他对法国人的憎恨。

"鼓起勇气来,"他的弟弟菲利普对他说,"否则我们这个几乎像王族一样的世家就要绝代了。"

克拉拉蓦地站了起来,围在胡安尼托四周的几个人散开了,这个完全有理由反抗的儿子看到他的老父亲站在他面前,用庄严的声调喊道:

"胡安尼托,我命令你服从。"

年轻的伯爵纹丝不动,他的父亲跪了下来。克拉拉、玛努埃尔和菲利普也不由自主地模仿父亲。他们一起向那个该挽救这个家庭灭绝的人伸出手去,仿佛在重复由父亲说出的话:

"我的儿子,难道你缺乏西班牙人的毅力和真正的同情心吗?您愿意让我长时间跪着?你不是应该看重你的生命和你的痛苦吗?"老人对侯爵夫人转过身去,添上一句:"这是我的儿子吗,夫人?"

"他同意了!"母亲看到胡安尼托的眉毛一动,只有她明白是什么意思,于是绝望地喊道。

二女儿玛丽吉塔跪了下来,用软弱无力的手臂搂住她的母亲;由于她哭得泪如泉涌,她的小兄弟玛努埃尔走过来责备她。这当儿,宫堡里的神甫进来了,全家马上包围住他,把他拉到胡安尼托面前。维克多实在看不下去这个场面,对克拉拉做了个手势,便急忙赶到将军那里去作最后一次努力;他看到将军在欢宴中心境愉快,同他手下的军官一起饮酒,军官们也笑语朗朗。

一小时以后,遵照将军的命令,门达镇100个最有声望的人士来到平台,观看莱加奈斯全家的处决。一队士兵占好位置,镇住这些西班牙人,他们站立在吊着侯爵仆人的绞刑架下。这些市民的头几乎碰到那些死难者的脚。离他们30步远的地方,竖起了一座断头台,铡刀在闪闪发光。刽子手已在那里,以防胡安尼托万一拒绝。不一会儿,在万籁

原文

俱寂中,这些西班牙人听到好些人的脚步声,一队士兵行进时有节奏的步伐声和他们的枪支发出的轻微响声。这几种不同的声音同军官们欢宴的喧笑声混杂在一起,如同不久前舞会的乐曲掩护了血腥叛变的准备工作一样。大家的目光都转向宫堡,只见这高贵的一家以令人难以置信的镇定,往前走来,他们的容貌平静安详。只有一个人脸色苍白憔悴,倚在教士身上;教士用尽宗教言词安慰这个人,他是唯一要活下去的人。同大家一样,刽子手明白,胡安尼托今天接受了他的职务。老侯爵和他的妻子、克拉拉、玛丽吉塔、她们的两个兄弟,走到离行刑台几步远的地方跪下。胡安尼托由教士领着走。当他走到断头台时,刽子手拉住他的衣袖,拖到一旁,可能是给他一些指点。忏悔神甫把受难者所待的地方安排好,不让他们看到死刑的执行。但这是些真正的西班牙人,他们笔直地站着,毫无懦弱的表现。

克拉拉第一个冲到她哥哥面前,对他说:

"胡安尼托,可怜我勇气不多,从我开始吧!"

这时,响起了一个人急促的脚步声。维克多来到了这行刑的地方。克拉拉已经跪下,她白皙的脖颈在向铡刀召唤。那军官脸色刷白,不过他还是尽力赶到了。

"将军答应饶你的命,如果您愿嫁我的话。"他低声对她说。

西班牙姑娘对军官投去轻蔑而高傲的一眼。

"动手吧,胡安尼托。"她用深沉的嗓音说。

她的头滚落在维克多的脚边。莱加奈斯侯爵夫人听到响声,不由得抽搐了一下;这是她痛苦的唯一表示。

"我这样行不行,我的好胡安尼托?"小玛努埃尔这样问他的哥哥。

"啊,你在哭,玛丽吉塔!"胡安尼托对他的妹妹说。

"噢!是的,"姑娘回答,"我想到了你,我可怜的胡安尼托,没有我们,你会多么不幸呵。"

不久,侯爵庄严的脸孔出现了。他看了看孩子们的血,转身对着默不作声、一动不动的观众,向胡安尼托伸出双手,坚定有力地说:

"西班牙人,我给我的儿子以父亲的祝福!现在,侯爵⑦,不要害怕,往下铡吧,你不会受到谴责。"

但是,等到胡安尼托看见他的母亲由忏悔神甫搀扶着,向前走来时,他喊着说:

"她是奶大我的呀!"

他的声音引起观看的人恐怖的呼喊。听到这可怕的喊声,欢宴的嘈杂声和军官们的欢笑声都平静下来。侯爵夫人明白,胡安尼托的勇气已经用尽了。她纵身一跳,越过栏杆,头颅撞裂在岩石上。一阵赞叹声腾空而起。胡安尼托一下昏倒在地上。

"将军,"一个喝得半醉的军官说,"马尔尚刚刚把这次行刑的一些情况告诉我,我敢打赌,您并没命令这样做……"

"先生们,"戈蒂埃将军嚷着说,"你们难道忘了,再过一个月,有500个法国人的家庭要痛哭流涕吗?你们难道忘了,我们是在西班牙吗?你们难道要把自己的尸骨留在这儿吗?"

这几句话说完,没有一个人,甚至没有一个少尉敢于再举杯一饮而尽。

尽管莱加奈斯侯爵受到周围人们的尊敬,尽管西班牙国王赐给了他 El Verdugo(刽子手)的贵族称号,他还是抑郁终日,生活孤单⑧,深居简出。在他那众口皆碑的滔天大罪的重压下,他似乎在耐心地等待着第二个儿子的诞生,使他有权去同那些时刻伴随着他的亡灵相会。

1829 年 10 月于巴黎

(郑克鲁　译)

赏析

| 注 释 |

① 玛蒂奈·德·拉罗萨(1789—1862):西班牙政治家和文学家,曾为争取西班牙的独立、反对拿破仑而斗争。
② 西班牙国王查理四世于1808年退位,他的儿子成为斐迪南七世,但同年被拿破仑逼迫退位。
③ 圣雅克节在7月25日。
④ 约瑟夫·波拿巴(1768—1844):拿破仑之兄,1806年至1808年为那不勒斯王,1808年至1813年为西班牙国王。
⑤ 达维德(1748—1825):法国大画家,作品有《贺拉斯一家的宣誓》、《马拉被害》、《加冕礼》等。
⑥ 穆里略(1617—1682):西班牙画家,作品兼有现实主义色彩和神秘色彩。
⑦ 胡安尼托在父亲死后,将继承侯爵的称号。
⑧ 胡安尼托的名字意为"孤独"。

| 赏 析 |

如果把巴尔扎克的《人间喜剧》比作一个博大的海洋,他的中短篇不过是从这海洋中拾起的一朵朵浪花。但是这浪花毕竟是来自大海,通过这浪花朵朵,我们仍可以感悟到大海的深沉,大海的内蕴;通过这些短小的篇章,我们仍可以领略到这位现实主义文学大师的伟大艺术成就;领略到作家所处时代的风风雨雨;领略到人性中某些不变的特征……

在这篇短篇小说《刽子手》中,这位法国社会的书记官,这位时代的见证人,首先把我们带回到了刀光剑影、炮火纷飞的拿破仑时代——1808年。

赏析

当时,拿破仑帝国的铁蹄已踏遍了大半个欧洲,欧洲大陆的多少个封建王国、贵族地主都已沦为拿破仑的阶下囚,他可以任意奴役,随时宰割。但是在这不可一世的外表下却已露出了帝国在各国的统治必将崩溃的端倪:各国人民对侵占者残暴统治的镂骨之恨和不屈的反抗。

巴尔扎克出生于1799年,当然无法亲身体验到拿破仑战争的激烈场面,但他可以通过他身边的人们去理解那场战争;而且拿破仑的统治在作者创作的年代虽已成为历史,但仍深深地影响着当时的人们。作者没有进行正面描写,而是从一个侧面来反映那一场残酷的斗争。这里是美丽的西班牙,滨海的门达城。这座小城已完全处于法军的控制之下,但是内有西班牙人民的起义,外有随时可能到来的以西班牙的解放者自诩的英军的增援,所以法国人不敢有半点松懈。《刽子手》写于1829年,与作者后期的小说不同,与作者后来的长篇巨制不同,他没有采用详尽的环境描写,而是用的衬托手法。首先出现在我们面前的是美丽静谧的月夜中的城堡,城堡中的酣歌畅舞,这一切本该是美好的,却只是事物的表面,只是悲剧的衬托,而且一开头就被一些"不协调"的东西搅乱了。接着是宵禁、巡逻、暗枪、西班牙人的起义、罚款、恐怖、绞刑架、断头台,一步紧接一步,环环相扣,最后,宁静美丽的夜晚变成了悲剧的氛围。而就是在这种悲壮的场面中,斗争的激烈性、残酷性与悲剧性才充分地凸现出来。

一边读这篇小说,我们不妨一边这样设问:谁是刽子手?胡安尼托?要回答这个问题,我们可以继续从作者采用的重要写作手法入手。和描写环境时一样,描写人物时仍是用的对比衬托手法。同样,这里也没有为塑造人物形象而作精雕细刻,作者几乎没有把某一角色作为中心人物来描写,而是把人物划入不同的集团,当作对立的双方来进行描写。一方是以维克多·马尔尚、将军为代表的法国占领军,另一方是以克拉拉、侯爵、胡安尼托为代表的西班牙爱国贵族。法军方面的人物打着资产者的深深烙印:贪财、残暴。维克多爱上克拉拉,固然是因为少女的花颜月貌,更重要

赏析

的却是因为她有一份丰厚的嫁奁。维克多还是个军界的投机分子。他不仅陷入和无忧无虑的军旅生活很不协调的沉思默想中,一遇难事就屈从于保命的天性。那位将军同样是贪财残暴的资产者的化身。他对起义者的第一着棋就是课以大宗罚款。当想到不能把侯爵的财产据为己有以后,马上同意改绞刑为斩首,还留下侯爵的一个儿子继承财产,这样那笔家业就不会归入国王的名下,将来仍有希望收入自己私囊之中。在他看来,亲人相戮似乎还是一种恩赐呢!其实,这岂不是比让全城人变为刀下鬼魂更加惨绝人寰?!

作者用这种近乎浪漫主义的描述把相互斗争的一边推到了一个极端,同时也把西班牙贵族们推到了另一个极端:维护贵族尊严和爱国。与维克多的贪生怕死相反,克拉拉尽管铡刀在前,但从容自如,对维克多提供的生路不屑一顾。侯爵家的其他人也一样临危不惧,在死亡面前每个人眉宇间都透着安详与宁静,宁愿死在亲人的手里,也不愿遭受法军的蹂躏;尽管自己即将变为鬼魂,关心的却是生存者的苦难,这是何等的死不可辱的仁爱精神与人格尊严啊!贵族们尽管悲惨死去,但他们取得了道义上的胜利,他们死得悲壮,感奋着西班牙人民继续斗争;法军虽然取得了一时的胜利,却在死者面前恐慌发抖。

通过这种鲜明的对比手法,作者也向我们昭示出他对人物的褒贬态度和他的政治观点。首先,他给我们回答了"谁是刽子手?"这个问题。在作者看来,法军侵占西班牙,不过是为了满足他们贪财残暴的可耻欲望,这些杀人不眨眼的魔王就是屠杀西班牙人民的刽子手。作者对拿破仑帝国对外政策之罪恶的揭露与抨击,无疑是值得同情与赞赏的,所以至今不乏现实意义。但是在另一方面,我们也应该看到,巴尔扎克并没有理解拿破仑大军横扫欧洲的封建堡垒的客观上的进步意义,像在以后的长篇小说中所表现的一样。尽管对资产阶级进行了无情的鞭挞与讽刺,但他对封建贵族给予了过多的同情;把本应是民族悲剧的小说写成了贵族阶级的悲剧,把

原文

贵族阶级看成是唯一能挽救民族危亡的阶级,这些都是他的阶级偏见使然。同样,在作者看来,似乎只要几个高等贵族之死而激起的同情心,而无须有人起而领导广大人民抗御外敌,就能让侵略者惶惶发抖,这也只不过是他的天真的想象。这大概也是他只隐晦地描写到西班牙人起义的原因吧。

(陈庆勋)

驴皮记

| 作品提要 |

贵族子弟拉法埃尔·瓦仑丹从小受到父亲的严厉管教,过着严谨的求学生活。为了替父还债,他将继承母亲的财产几乎用罄。父亲过世后,他不得不租住在一家公寓的顶楼里,埋头著书,过着清苦的学者生活。在此期间,他与房东戈丹太太及其可爱的女儿波琳建立了良好的关系,然而穷困是他成功的最大障碍。后来他在纨绔子弟拉斯蒂涅的引荐下认识了贵妇人馥多拉,被贵妇人的美貌和财富吸引,经过了一段狂热的恋爱,最终拉法埃尔人财两空。而赌场上的最后一搏也以失败告终。当他企图以自杀结束年轻的生命时,却在一家古董店里得到了一张神秘的驴皮,驴皮可以满足他的所有的欲望和要求,却必须以他的生命为代价,驴皮会随着他的愿望的分量和数量的递增而相应缩小。拉法埃尔与驴皮订约后,随之而来的愿望也得到了满足,他靠这张驴皮的威力,获得了巨额遗产,并且得到了波琳的爱情。但是随着每次欲望的实现,驴皮也在逐渐缩小。拉法埃尔企

一

原文

图延长因为欲望得到满足后的日益缩短的生命,于是他又把个人的欲望压缩到最低点,但最终还是在生命与欲望的痛苦交战中过早死去。

| 作品选录 |

"请你回过头来,"商人说,一面突然拿起那盏灯来照亮画像对面的墙壁,"请你看看这张驴皮。"他接着说。

青年人突然站起来,看到在他所坐的椅子背后墙壁上,挂着一块驴皮,不禁显出惊异的神色,这块皮不过一张狐皮大小,可是一眼就能看出一个无法解释的奇怪现象,那便是在这间漆黑的店子里,这张皮却放射出如此耀眼的光辉,你会以为是颗小彗星。这不信神的青年走近这个可以拯救他的不幸的所谓灵符,同时却在心里暗自嘲笑自己。但他怀着一种合理的好奇心,俯身反复地从各方面察看这张皮,不久就发现那发出这种奇异光辉的自然原因。皮面上的黑粒磨得如此平滑,如此光亮,皮面不整齐的纹路如此洁净,如此清晰,就像石榴石的小平面那样,这张东方皮革上的粗纹路构成无数的小焦点,正是这些焦点反射出强烈的光辉。他精细地指出产生这种奇怪现象的原因,但对方只对他狡猾地微笑了一下,作为整个的回答。这种莫测高深的微笑,使这青年学者以为自己此刻正上了什么江湖骗术的当。他不愿多带一个哑谜进坟墓去,便迅速地把那张驴皮反过来看,就像小孩急于知道他的新玩具的秘密似的。

"啊!啊!"他嚷道,"这就是东方人叫作所罗门御印的印迹。"

"那么,你是知道它的来历的啦?"商人问道,同时用鼻子哼了两三下,这比最有力量的语言还能表达更多的意思。

"难道世上竟有这样头脑简单的人,居然相信这种怪诞事情吗?"青年人听到这阵辛辣的无声的嘲笑后,有点生气,嚷着说。"你难道不晓得东方的迷信都具有神秘的形式和荒诞的性质,是一种荒唐无稽的力量的象征吗?在这种场合下,如果我来谈论这桩事情,像谈论斯芬克斯或格里封那种仅存在于神话里的东西,那岂不更显得幼稚可笑?"他接着又说。

"既然你是位东方学的专家,"老头子接着说,"也许你能读懂这个格言吧?"

他把灯端近来,青年人正反拿着那张灵符,老头子指给他看嵌在这张奇妙的皮革的皮组织里的文字,这些文字就像是从那只用来制成这张皮革的畜生的皮上生长出来似的。

"我承认,"陌生的青年嚷着说,"我猜不出人们用了什么方法竟能如此深入地把文字印在一张野驴皮上。"

于是他突然转过身来,眼睛朝向那些堆满珍奇玩好的桌子,像是要寻找什么东西似的。

"你想要什么?"老头子问道。

"找一个工具,把皮革切开来看看,就可以搞清楚这些文字到底是印上去的还是刻上去的。"

老头子把他的短剑递给陌生人,他便用来在皮上有文字的地方着手剥刮,当他轻轻刮去一层皮的时候,文字仍在原来的地方显现出来,而且十分清楚,和原来印在表面上的文字毫厘不差,以致有一会儿,他竟以为自己一点也没有把皮刮去。

"近东的工艺的确有它的特殊秘密,"他一面说,一面以不安的心情瞧着皮上这段东方格言。

"你说得对,"老头子答道,"还是归功于人,比把责任推给上帝为妙!"

神秘的文句按如下样式排列:

原文

لو ملكتني ملكت الكل
ولكن عمرك ملكي
واراد الله هكذا
اطلب وستنفذنال مطالبك
ولكن قسن مطالبك على عمرك
وهي هاهنا
فبكل مرامك استنسنزل ايامك
أتريد في
الله يجيبك
آمين

译成我们的文字,意思就是这样:

  你如果占有我,你就占有一切。但你的生命将属
  于我。这是神的意旨。希望吧,你的愿望将
  得到满足。但你的心愿须用你的生命来
  抵偿。你的生命就在这里。每当你
  的欲望实现一次,我就相应地
  缩小,恰如你在世的日子。
  你要我吗?要就拿去。
  神会允许你。但
  愿如此!

"啊!你精通梵文哪,"老头子说。"也许你到过波斯,要不然就是

原文

到过孟加拉?"

"不,先生。"青年人答道,一面好奇地摸弄着这张象征性的皮革,因为它缺少柔韧性,倒颇像一张金属薄片。

老商人把灯又放回原来的柱头上,瞟了青年人一眼,那眼神充满冷酷的嘲笑,似乎在说:"他已不想去死了。"

"这是真的奥秘吗?还是在开玩笑?"陌生青年问道。

老头子摇摇头严肃地说:

"我不知道该怎样回答你。我把这个灵符所给予的可怕的威力奉献给一些看来比你更为果断的人;但是,在他们全都以嘲笑态度来对待这种不大可信的会影响他们未来命运的威力的同时,谁也不愿冒险去签订这样一个叫我也莫名其妙,不知是哪一种神怪力量提出的致命的契约。结果我的想法也和他们一样,我也怀疑,我终于弃权了,而且……"

"你甚至没有尝试一下?"青年人打断他的话头说。

"尝试!"老头子回答道,"如果你站在旺多姆广场上圆柱的顶端,你想不想试试从上面纵身往下跳?难道我们能阻止生命的进程吗?你几曾见过人类能和死截然分开?在走进这间陈列室之前,你是决心要自杀的;但是,突然间一个秘密引起了你的注意,就分散了你要寻死的念头。孩子!我想你每天碰到的生活之谜都不会比你今天碰到的这个谜更有趣味吧?你听我说。我曾亲眼见过摄政王朝淫秽的宫廷。我也像你一样,当时很穷,曾经讨过饭;尽管这样,我却活到了一百零二岁,而且,现在我已是百万富翁:不幸倒给了我财富,无知倒教育了我。我打算用很简短的几句话给你揭露人生的一大秘密。人类因为他的两种本能的行为而自行衰萎,这两种本能的作用汲干了他生命的源泉。有两个动词可以表达这两种致死原因所采取的一切形式:那便是欲和能,在

原文

人类行为的这两个界限之间,聪明的人采取另外一种方式,而我的幸福和长寿就是从它那里得来的。欲焚烧我们,能毁灭我们;但是,知却使我们软弱的机体处于永远的宁静境界。这样,欲望或愿望,便都在我身上被思想扼杀;动作或能力都被我的器官的自然作用消除了。简言之,我既不是把我的生命寄托在容易破碎的心里,也不是寄托在容易衰萎的感官上,而是把它寄托在不会用坏,比其他一切器官寿命都长的头脑里。我的灵魂和肉体都没有被任何过度的刺激所斫伤。可是,我却游览了整个世界。我的两脚曾登上亚洲和美洲最高的山峰,我学会了人类所有的语言,并且在一切社会制度下生活过。我借钱给一个中国人,仅用他父亲的身体做抵押,我睡在阿拉伯人的帐篷里,仅凭他口头的诺言。我在所有欧洲的首都签订合同,我毫无顾虑地把我的金子寄放在野蛮人的茅屋里;总之,我得到了一切,因为我懂得蔑视一切。我的唯一野心就是想观察,观察不就是认识吗?啊!认识,青年人呵,这不就是一种直觉的享受吗?不就是发现事物的本质,从而基本上把它占有吗?一个物质的占有会给我们留下什么呢?不过是一个概念。请你设想一下,一个人能把一切现实的东西都铭刻在他的思想里,把一切幸福的源泉都输送到他的灵魂里,排除一切尘世的污垢,从而提炼出无数理想的快乐,那时候,他的生活该是多么美满呵。思想是打开一切宝库的钥匙,它给吝啬人提供快乐,而不会给他带来麻烦。我就是这样在世界上逍遥,我的快乐始终是精神上的享受。我的放纵便是欣赏海洋、各民族、森林和高山!我什么都看过了,可这是安安静静地看,不让自己疲劳;我从来没渴望过任何东西,我在等待一切。我在世界上漫步,就像在自家的花园里那样。人们的所谓忧愁、爱情、野心、失败、悲哀等等,对我来说,都不过是被我转化成梦幻的一些观念;我不是在感觉它们,而是在表达它们,演绎它们;我不让它们吞噬我的生命,却把它们戏剧

原文

化,把它们提高;我用它们来娱乐,就像我运用内心的视觉来阅读小说。我从来不让我的器官疲劳,因此,我仍然享有强壮的身体。我的灵魂继承了我没浪费过的全部精力,因此,我这颗脑袋里储藏的东西,比我铺子里收藏的还要多。在这里,"他用手拍着前额说,"在这里的才是真正的百万家财。我曾经度过许多美妙的日子,因为我用智慧的眼光去回顾既往;我能把许多国家整个的召来,并召来许多优美风景、海景、历史上的美人!我有一个想象中的后宫,在那里,我占有了我所没有的一切女人。我常常再见到你们的战争,你们的革命,并且把这些事件加以评论。呵!为什么会有人宁愿狂热地、轻佻地去欣赏稍有几分姿色的容貌,多少有点曲线美的体态;为什么会有人宁愿接受由你们谬误的主意所造成的一切灾祸,而不去运用最高的智能,来使整个世界出现在自己的心中,取得既不受时间的束缚,也不受空间制约,而运动自如,能拥抱一切,观看一切,俯身在世界的边沿,去询问其他的星球,去倾听上帝的纶音的无边乐趣呢?这件东西便是欲和能的结合,"他用响亮的声音指着那张驴皮说,"这里面包含着你们的社会观念,你们的过分的欲望,你们的放纵行为,你们致人于死命的欢乐,你们使生活丰富的痛苦;因为痛苦也许只是一种强烈的快乐。有谁能够确定肉欲变成痛苦和痛苦仍是肉欲的界线?观念世界里最强烈的光线,不是反会爱抚视觉,而物理世界里最柔和的阴影,不是倒常常会刺伤视觉吗?智这个字难道不是从知这个字变来的吗?疯狂如果不是过度的欲或过度的能,那又是什么呢?"

"就算是这样吧!是的,我就喜欢过强烈的生活。"陌生人说,把驴皮攥在手里。

"青年人,你可要当心呵!"老头子用难以置信的激动神情嚷着说。

"我曾经因为研究和思考消耗了我的生命;可是这种努力甚至还养

原文

活不了我，"陌生人回答，"我既不愿受斯威登堡式预言的欺骗，也不愿受你的东方符箓所愚弄，先生，就连你为了想把我再留在这个我再也不可能活下去的世界所进行的一切善意的努力，我也不愿接受……好啦！"他用一只痉挛的手紧握着那张灵符，望着老头子补充说。"我想来一次比得上王宫里的盛筵那样的豪华夜宴，我要有一次热热闹闹的配得上这个世纪的堪称尽善尽美的盛大宴会！我所有的宾客都是年轻人，都是有才智而无偏见的人，快乐得快要发疯！饮用的美酒要越来越浓烈，越来越醇厚，酒力之强烈，要足以让我们酣醉三日！这一天晚上，席间要有许多热情的女人来点缀！我要那狂热的、吼叫着的放荡之神把我们载在它那四匹马拉的飞车上，奔到世界的尽头，把我们扔在人迹未到的海滩上！让灵魂升上天堂或是投入泥潭，我不知道到那时候，它们到底上升还是下沉，这对我无关紧要！我只想命令这个不祥的力量把一切的欢乐融合成一个大快乐。是的，我需要在最后的一次拥抱中把天上人间的一切快乐都享受一番，然后死去。因此，我希望在酒后有放荡的古代颂歌，有能唤醒死者的歌曲，有无数的接吻，没完没了的接吻，让接吻的声音像一场火灾发出的噼啪声那样传遍巴黎，把所有的夫妻都惊醒，唤起他们强烈的热情，使他们全都恢复青春，即使是年已七旬的老夫妻！"

从老头子的嘴里发出的一阵狂笑，传到青年疯子的耳朵里，就像是从地狱里进出的声音，如此专横地制止了他，使他不再作声了。

"你以为我的地板会突然裂开，变成一条过道，让摆满山珍海味的筵席和另一世界的客人一齐进来吗？"古董商人说，"不，不，傻小子，你已经签订过契约，这就万事俱备。现在你的意愿将会确确实实地得到满足，但须用你的生命来作代价。这张驴皮就象征你的寿命的限度，它将按照你的希望的强度和数目的大小而收缩，从最轻微的到最强烈的

原文

希望,都毫厘不爽。当初给我这张驴皮的婆罗门教徒曾经向我解释,说在这张驴皮持有人的命运与希望之间将会自动地起一种神秘的协调作用。你的第一个愿望是平凡的,我倒可以把它实现,但是,我愿把它留给你的新生活去处理。话说回来,你是想寻死的!那么!你的自杀只不过是推迟一步罢了。"

陌生人有点愕然,几乎生气了,他觉得这个奇怪的老人在和他开玩笑,虽然在这最后一次玩笑中,他那种半是出于仁慈的心情是显而易见的,于是他嚷着说:

"先生,如果我的命运会有什么变化的话,在我走过这个堤岸的一段时间内,我就会明白。可是,如果你不是在拿一个不幸的人取笑,那么,为了回敬你给我的这个致命的帮助,我希望你爱上一个舞女!那时候你就会懂得放荡生活的快乐,也许你会变成一个挥金如土的浪子,把你以哲学家的风度攒积的全部财产通通花光。"

他匆匆走出去,连老人发出的一声长叹都没听到,他穿过厅房,走下楼梯,那粗腮帮子的胖伙计在后面紧跟着想给他照亮都没来得及;他溜得那么快,就像当场被人发现的小偷似的。一阵热狂使他变得迷迷糊糊,甚至没有察觉那张驴皮的难以置信的韧性,它变得像一只手套那样柔软了,他用狂热得发抖的手指把它卷起来,塞进上衣口袋,他几乎是机械地完成这个动作的。

(梁 均 译)

赏析

法国著名作家安得烈·莫洛亚在他所写的《巴尔扎克传》中这样评价巴尔扎克:"他真正爱好的既不是诗歌,也不是科学,而是追求一种神秘的,

赏析

天真的,'某种思想要表达,某种体系要建立,某种学说要阐释'的哲学。"而《驴皮记》正是这样的一部体现巴尔扎克追求的作品。

小说叙述了一个颇具浪漫色彩的故事。主人公拉法埃尔怀着远大的抱负,在巴黎的阁楼上苦读苦熬,以求在社会上一鸣惊人。金钱和物质的匮乏,使他连连碰壁,绝望之下他想到了自杀,但是一张神奇驴皮的出现却从此改变了他的生活。"你如果占有我,你就占有一切。……希望吧,你的愿望将得到满足。"驴皮的魔力在于:它能帮助它的拥有者实现他(她)所企盼的一切,满足他(她)的一切愿望。在这张驴皮的刺激下,拉法埃尔暂时放弃了死的念头,希望用驴皮来满足他不曾实现的愿望。"我想来一次比得上王宫里的盛筵那样的豪华夜宴,我要有一次热热闹闹的配得上这个世纪的堪称尽善尽美的盛大宴会!……我只想命令这个不祥的力量把一切的欢乐融合成一个大快乐。是的,我需要在最后的一次拥抱中把天上人间的一切快乐都享受一番,然后死去。"事实上,拉法埃尔最终真的借助于驴皮神奇的力量实现了他的一切欲望,享受到了他所认为的生命的乐趣。

不过可悲的是,每一次愿望的实现都伴随着他的生存时间的缩短,因为驴皮上写着"你的生命将属于我。这是神的意旨。……每当你的欲望实现一次,我就相应地缩小,恰如你在世的日子"。所以,当拉法埃尔紧紧地抓住驴皮,迫不及待地想要实现自己在贫穷中所愿望的一切时,古董商人意味深长地告诫他,希望他慎重地对待这张神奇的驴皮:"现在你的意愿将会确确实实地得到满足,但须用你的生命来作代价。这张驴皮就象征你的寿命的限度,它将按照你的希望的强度和数目的大小而收缩,从最轻微的到最强烈的希望,都毫厘不爽。"巴尔扎克将他对人生的哲理思考投射到驴皮上,借助于这样一种神奇、怪诞的浪漫形象,形象化地反映生命与欲望的矛盾,具有惊心动魄的艺术效果。

驴皮是人类贪欲的象征,因为它正如古董商所说的"包含着你们的社会观念,你们的过分的欲望,你们的放纵行为,你们致人于死命的快乐,你

赏析

们使生活丰富的痛苦"。巴尔扎克认为,实现欲望是人生快乐所在,但过分的欲望又是人生痛苦的根源。人类的生存永远与欲望有着难以分离的关系。拉法埃尔的形象,深刻地表现了人的欲望和生命的矛盾。身处穷困中的拉法埃尔,有着太多的欲望,爱情、金钱、名利等,这些成为他生活幸福的象征和追求的目标。因为难以满足,他甘愿以死亡的方式来结束痛苦的生命。而当这些愿望因为驴皮的出现而有可能实现的时候,他又不惜用生命的代价与驴皮订下契约。但是,随着愿望不断地实现,他又面临着由于愿望的满足,伴随而来的生命的不断减损,死亡的威胁,最终迫使他不得不克制他的欲望,"世界已属于他,他可以为所欲为了,但他却什么也不想要,他像在沙漠中的旅行者,还有一点水可以止渴,但他却必须计算尚有多少口水可以解渴,借以衡量他的生命的长短"。曾经憧憬、向往的欲望的实现,非但没有让他真正享受生存的快乐和幸福,反而成为他生存的残酷障碍。拉法埃尔最终打消了所有寻求快乐的念头,不敢再有任何欲望,他只想保命,把死亡推迟,再推迟,但最终还是在爱欲挣扎中结束了年轻的生命。

生命与欲望不可调和的矛盾,在巴尔扎克的笔下得到了淋漓尽致的表现。作家借助于古董商之口,道出了其中的原因:"人类因为他的两种本能的行为而自行衰萎,这两种本能的作用汲干了他生命的源泉。有两个动词可以表达这两种致死原因所采取的一切形式:那便是欲和能……欲焚烧我们,能毁灭我们";这种生活方式"给人类造成一种戏剧性的生活,以促使人过度地、迅速地消耗自己的精力"。巴尔扎克认为,一切愿望的满足是以生命为代价的,因此,人类面对这种矛盾只能是一种两难的选择,"为要长寿而扼杀感情,或甘愿做情欲的牺牲品而夭折,这就是我们注定的命运"。追求长寿,就得清心寡欲,既避免了为实现欲望进行呕心沥血搏斗的痛苦,又不会因为追求失败而产生烦恼;而若想满足欲望,追求所谓的人生的快乐,那就得以生命作代价。巴尔扎克用一张驴皮来象征拉法埃尔无法逃避的悲剧命运。他的痛苦挣扎和悲剧结局在一定程度上预示了人类生存的两难。

赏析

如果说拉法埃尔代表的是放纵欲望、沉溺享乐的一极,那与之对立的古董商则是代表节制欲望、清心寡欲的另一极。古董商见多识广,活了102岁,他认为"欲"就是各种欲望,从男欢女爱之欲到功名利禄之求;"能"即人类实现欲望的能量,两者相加既能焕发出巨大的动力,也会形成极大的危害。若不能运用"知",即知识、理智去控制驾驭无尽欲望,就会造成巨大的恶果,酿成无可挽救的悲剧。因此,古董商主张用思想去取代欲望,用精神追求去代替物质享受。他对拉法埃尔说:"聪明的人采取另外一种方式,而我的幸福和长寿就是从它那里得来的","既不是把我的生命寄托在容易破碎的心里,也不是寄托在容易衰萎的感官上,而是把它寄托在不会用坏,比其他一切器官寿命都长的头脑里"。古董商认为:"思想是打开一切宝库的钥匙,它给吝啬人提供快乐,而不会给他带来麻烦。我就是这样在世界上逍遥,我的快乐始终是精神上的享受。"他一厢情愿地以为思想是生命快乐的真正本源,它给人提供快乐与幸福,却不会给人带来麻烦,"一个人能把一切现实的东西都铭刻在他的思想里,把一切幸福的源泉都输送到他的灵魂里,排除一切尘世的污垢,从而提炼出无数理想的快乐,那时候,他的生活该是多么美满呵"。因为知识"使我们软弱的机体处于永远的宁静境界。这样,欲望或愿望,便都在我身上被思想扼杀","我的灵魂和肉体都没有被任何过度的刺激所斫伤。可是,我却游览了整个世界","总之,我得到了一切,因为我懂得蔑视一切"。

老古董商的节制欲望的生活方式,是巴尔扎克所设想的改变拉法埃尔纵欲生活的一种药方。不过,作家本人也未必相信这种所谓的良方,拉法埃尔在得到驴皮之前的经历就宣告这种生活方式的不切实际,"我曾经因为研究和思考消耗了我的生命;可是这种努力甚至还养活不了我……我需要在最后的一次拥抱中把天上人间的一切快乐都享受一番,然后死去"。追求物质和情欲的满足也许是世人所认为的幸福所在,拉法埃尔和我们都难以免俗,就连那个宣称靠精神快乐理智地、健康地度过了102个岁月的古董商,最后竟然真的如拉法埃尔所预言的"爱上一个舞女!……懂得放

| 原文 |

荡生活的快乐……变成一个挥金如土的浪子",并且公然宣称"一个钟头的爱情就抵得上整个人生"。他完全地抛弃了先前的生活理念,不再把精神生活视为生活的乐趣,而将情欲的满足作为追求生活快乐的目标。这个情节,与其说证明了驴皮神奇的作用,毋宁说是反映了作家思想中的矛盾。

(马美龄)

红房子旅馆

| 作品提要 |

一次宴会上,赫尔曼先生讲述了30年前发生的一起案件。两位实习医生普罗斯佩和泰伊番留宿红房子旅馆。普罗斯佩对同住的富商瓦伦费携带的财富心生歹念,意图谋财害命,因良心尚存而并未下手。泰伊番杀害了瓦伦费并携款逃走,嫁祸于普罗斯佩。普罗斯佩被当成凶手抓入监牢,并被枪决。泰伊番靠着这笔财富发家,但时时受到煎熬,他恰好也在宴会现场,听了赫尔曼的故事受到刺激,自杀身亡。"我"原本爱着泰伊番的女儿维克托丽娜,又不愿继承沾血的遗产,于是组织了一个"良心法庭"请朋友们来帮忙裁定是否结婚。朋友们为了自己能有机会得到遗产而纷纷反对"我"的婚事。

| 作品选录 |

两种判决

"噢!不要讲完!"刚才要求讲故事的姑娘高声地说,霍地打断了纽伦堡人的话。"我想处在不明不白之中,以为他得救了。如果我知道他被枪决,今夜我会睡不着觉。明天您再告诉我结局吧。"

我们起身离席。我身边的女客挽住赫尔曼先生的手臂,对他说:"他被枪决了,是吗?"

"是的。我目睹行刑场面。"

"怎么,先生,"她说,"您竟能……"

"他要求这样做,夫人。给一个活人、一个你所爱的人、无辜的人出殡,是非常可怕的事!这个可怜的年轻人不断地朝我望来似乎他只活在我身上!他说,他想让我把他的最后一息带给他的母亲。"

"那么,您见到她了吗?"

"亚眠和约签订以后,我来到法国,给他母亲捎去这句令人欣慰的话:'他是无辜的。'我认真地作了这次朝圣。但马尼昂太太已经衰竭而亡。我烧掉捎去的信时情绪十分激动。也许您会嘲笑我这种日耳曼人的冲动,但是,这个永恒的秘密要将诀别埋在坟茔之间,不为世人所知,有如荒漠之中受到狮子袭击的旅行者发出惊叫一样;我从中看到一幕哀伤顽艳的惨剧。"

我打断他的话问道:"如果有人把您领到这个客厅的一位客人面前,对您说:'这就是凶手!'难道不会出现另一出惨剧吗?您会怎么办?"

赫尔曼先生去拿他的帽子,走了出去。

"您做事太嫩气,非常轻率,"我身边的女客对我说,"您看泰伊番!瞧!他坐在安乐椅里,那边的壁炉旁,法尼小姐递给他一杯咖啡。他微笑了。听到刚才这段故事,一个凶手本该惶惶不安,他能表现得这样镇定自若吗?他不是有一种真正淳朴的模样吗?"

"是的,不过,您去问问他,是不是在德国打过仗。"我大声地说。

— 原文 —

"为什么不行呢?"

只要合心意,或者脑子受好奇心主宰,女人总是不缺乏勇气;我身边的女客就是这样勇气十足地朝供应商走去。

"您到过德国吗?"她问他。

泰伊番差一点把茶托掉到地上。

"我吗,夫人? 没有,从没去过。"

"你说什么,泰伊番!"银行家打断他说,"瓦格拉姆战役①中你不是做粮食供应吗?"

"啊,是的!"泰伊番先生回答,"那一次我去过德国。"

"您搞错了,这是个好人。"我身边那个女客回到我旁边,对我说。

"那么,"我大声地说,"在晚会结束之前,我要把凶手从他躲藏的泥淖中赶出来。"

有一种惊人深刻,然而过于普通、以致不被人注意的精神现象,每天都在我们眼皮底下发生。倘若有两个人在客厅相遇,其中一个要么知道一件隐私与对方涉嫌,要么出于一种秘密的情况,甚至出于行将进行报复,理所当然要蔑视或仇恨另一个人,那么这两个人便互相猜测,并预感到分隔他们或者势必分隔他们的鸿沟。他们不知不觉地互相观察,彼此关注;他们的目光、举止,难以言传地流露出他们的思想,他们之间有一块磁铁。我不知道什么吸引力最强,是复仇呢还是罪行,是仇恨呢还是侮辱。正如教士面对魔鬼不能奉献圣体饼一样,他们俩感到很尴尬,互不信任:一个彬彬有礼,另一个阴沉沉的,但我分不清哪一个有问题;一个脸红了或变得苍白,另一个瑟瑟发抖。复仇的一位往往和被害者一样怯懦。这时很少有人制造祸事,即使是必不可免的祸事;许多人切齿痛恨沸沸扬扬,或者担心结局悲惨,于是钳口禁语,或宽恕了对方。这种心灵与感情的磁性感应,在供应商和我之间形成一种神秘

原文

的搏斗。自从我第一次问讲故事的赫尔曼先生以后,他便回避我的目光。也许他也回避所有宾客的目光!他跟银行家的女儿、涉世未深的法妮交谈;无疑像一切罪犯一样,感到需要接触清白无邪,他希望在她身边找到安宁。虽然离他很远,我还是听到他说话,我锐利的目光威慑住他的目光。正当他以为可以安全无虞地偷窥我时,我们的目光相遇了,他的眼皮立刻低垂下来。泰伊番被这样折磨得意倦神疲,便急于中止这种局面,开始打牌。我过去把赌注下在他的对家方面,不过希望输掉这笔钱。这个愿望实现了。我代替出局的牌客,同凶手相对而坐……

"先生,"他给我发牌时,我对他说,"您是否乐意扣除得分呢?"

他相当匆忙地将筹码从左边移到右边。刚才坐在我身边的女客过来了,我向她投了意味深长的一瞥。

"你是弗雷德里克·泰伊番吗?"我问供应商,"我非常熟悉在博韦的这个家族。"

"是的,先生。"他回答。

他的牌掉了下来,他脸色苍白,双手抱住脑袋,请一位在他那里下注的客人接手,站起身来。

"这里太热了,"他高声地说,"我担心……"

他没有说完话。他的脸突然流露出可怕的痛苦神情,他蓦地走了出去。主人陪着泰伊番,看来异常关心他的情况。那位女客和我,我们相对而视;我觉得她的脸上流露出难以形容的凄苦神色。

"您的所作所为是慈悲为怀吗?"当我输了这副牌,离开牌桌时,她把我拉到窗口,问我说。"您想获得洞悉人们心灵的能力吗?为什么不听凭人间判决和上天判决去制裁呢?即使我们逃脱了其中一种,我们也决不会逃脱另一种!重罪法庭庭长的特权真值得羡慕吗?您几乎代

原文

替刽子手的职务了。"

"您激起并同我一样有好奇心,现在居然对我说教!"

"您使我思索起来。"她回答我。

"那么,同坏蛋讲和,向不幸的人开战,并且向金钱顶礼膜拜!不谈这个了,"我笑着又说,"请您看看现在走进客厅的那个姑娘。"

"怎么样?"

"3天前我在那不勒斯大使的舞会上见过她;我已经热烈地爱上她了。行行好,把她的名字告诉我。没有人能……"

"这是维克托丽娜·泰伊番小姐!"

我一阵头晕目眩。

"她的继母,"那位女客对我说,我几乎听不到她的声音,"不久前把她从修道院接出来,她在修道院的学业很晚才结束。她父亲长时间拒绝承认她。她是第一回到这里来。她俏丽动人,十分富有。"

这些话伴随着一个嘲讽的笑容。这当儿,我们听到凄厉而压抑住的喊声,仿佛来自隔壁房间,在花园里微弱地回响着。

"这不是泰伊番先生的声音吗?"我喊道。

我们全神贯注地倾听响声,可怕的呻吟传到我们的耳朵里。银行家的妻子急匆匆向我们跑来,关上了窗子。

"要避免出事,"她对我们说,"如果泰伊番小姐听到她父亲的喊声,她很可能歇斯底里大发作!"

银行家回到客厅,寻找维克托丽娜,低声地对她说了一句话。姑娘马上叫了一声,冲向门口,消失不见了。这件事引起很大的轰动。牌局中止。人人都互相打听。喃喃声越来越响,人们三五成群。

"泰伊番先生难道自……"我问。

"自杀了。"那位爱嘲弄的女客大声地说,"我想,您会高高兴兴地戴

原文

黑纱吧？"

"他究竟出了什么事？"

女主人回答："可怜的老人得了一种病，虽然布鲁松先生常常向我提起，我还是记不住这种病的名称。他刚才发作了一次。"

"这究竟是哪一类的病呢？"一个预审法官问。

"噢！这是一种可怕的病，先生，"她回答。"医生不知道什么药可以治疗。看来痛彻心肺。有一天，这个不幸的泰伊番在我的庄园小住时发作过一次，我不得不躲到邻居家，免得听见他喊叫；他发出可怕的喊声，他想自杀；他的女儿当时只得把他绑在床上，并给他穿上疯子的紧身衣。这个可怜的人说是脑袋里有野兽在咬他的脑髓；每根神经都一阵阵剧痛，像有锯子锯，可怕地痉挛着。他的脑袋疼痛难忍，以致感觉不到在这以前为了减痛而做的艾绒；布鲁松先生是他的私人医生，却禁止使用艾绒，认为他患的是神经性疾病，一种神经炎症，应该在脖子上放蚂蟥，在头上敷鸦片来治疗；果然，发作减少了，每年只在秋末发作一次。待他复元后，泰伊番不断地说，他宁愿受车轮刑②，也不愿忍受这样的痛苦。"

"那么，看来他痛得够呛。"一个证券经纪人、沙龙里的才子说。

"噢！"她又说，"去年他差一点死掉。他单独去他的庄园，办一件急事；也许由于没有人救护，他直挺挺躺了 22 个小时，像死了一样。直到洗了个热水澡，才把他救活过来。"

"这是一种强直性痉挛吗？"证券经纪人问。

"我不知道。"她回答，"他在军队里得的这种病，至今快 30 年了；他说，他跌倒在船里，一块木片戳进他的脑袋；可是布鲁松希望治好他。据说英国人找到了办法，用氢氰酸万无一失地医治这种病。"

这时，一下比先前更尖厉的喊声在屋子里震响，我们吓得浑身

原文

冰凉。

"这就是我当时不绝于耳地听到的叫声。"银行家的妻子又说,"这使我在椅子上直跳起来,而且刺激我的神经。不过真是怪事,这个可怜的泰伊番虽然经历了闻所未闻的痛苦,但决没有生命之忧。在这种可怕的折磨的间歇里,他像平常一样吃喝(造化实在神奇!)。一个德国医生告诉过他,这是一种脑袋痛风;这同布鲁松的见解相当吻合。"

我离开聚集在女主人周围的一群人,同泰伊番小姐一起出去,有个仆人来找她……

"噢!上帝啊!上帝啊!"她又哭又叫,"我的父亲究竟做了什么事得罪了上天,要受这样的痛苦?……他是一个多么好的人啊!"

我同她一起下楼梯,扶她上了马车,我看到她的父亲在车里弯成两截。泰伊番小姐用手帕掩住她父亲的嘴,试图堵住他的呻吟声;不巧他看见了我,他脸上的肌肉显得更加收缩,痉挛引起的一声喊叫划破空气,他向我投以可怖的目光,马车开走了。

这顿晚宴,这个晚会,对我的生活和感情产生了令人痛苦的影响。我爱着泰伊番小姐,然而,也许恰好是荣誉感和正直感不许我跟一个凶手联姻,即使他是个好父亲、好丈夫。我受难以相信的命运支配,只要知道能碰上维克托丽娜,就上那家去。常常我发誓不再见她以后,当天晚上我又来到她身边。我无限快乐。我的正当爱情夹杂着虚幻的内疚,具有犯罪的情感色彩。当泰伊番凑巧跟他的女儿在一起时,向他致意,我要自惭形秽;但我还是向他致意了!还有,不幸的是,维克托丽娜不仅是个美人儿,而且她有教养,极富才智,优雅娴淑,决不卖弄学问,毫无自鸣得意的色彩。她吐属有致;她的性格具有忧郁的魅力,令人倾倒;她爱我,或者至少她使我相信如此;她有一种微笑,仅仅是给我的;对我说话时,她的声音变得更加柔和。噢!她爱我!但她崇敬她的父

原文

亲，她对我夸赞他的善良、和蔼和优秀品质。这些颂扬如同匕首，一刀刀捅进我的心里。一天，我几乎成为泰伊番赖以发家致富那件罪行的同谋：我曾想向维克托丽娜求婚。于是我逃走了，出外旅行，到了德国，到了安德纳赫。但我回来了。我看到维克托丽娜脸色苍白，身体消瘦了！要是我看到她身体健康，快快活活，我就得救了！我的爱情欲火炎炎，重新燃旺。我担心自己的不安变成偏执狂，我决计成立一个良心法庭，廓清这个有关崇高的道德和哲学的问题。自从我回来以后，问题变得更加复杂了。前天，我邀集了我的朋友中我认为最正直、最高尚和最有荣誉感的人。我请了两个英国人，一个是使馆秘书，另一个是清教徒；还请了一个以前的大臣，他在政治上完全成熟；有两个未脱尽稚气的青年，一个教士，是个老人；还有我以前的监护人，他十分朴实，给了我最周到的监护，至今在法院还传为美谈；另外有一个律师、一个公证人、一个法官，总之，一切社会舆论、一切实际美德的代表都来了。我们先是欢宴一场，高谈阔论，吵吵嚷嚷；然后，在吃餐后点心时，我照实地讲了我的故事，但隐去了我的意中人的名字，向他们征求一些忠告。

"给我出些主意吧，朋友们。"结束时我对他们说，"就像对待一项法律草案一样，你们详细讨论一下这个问题。票箱和表决的球③会给你们拿来，你们要按照秘密投票的规则投票赞成或反对我的婚姻！"

顿时鸦雀无声。公证人拒绝发表意见。

"我要去订一个契约。"他说。

我从前的监护人酒喝多了，保持沉默，必须给他监护，免得他回家时出事。

"我明白了！"我大声地说，"不发表意见，正是有力地告诉我应该做

原文

什么。"

在场的人起了一阵骚动。

一个曾为福瓦④将军的子女和他的坟墓认捐的产业主叫道:

"同德行一样,罪行也有程度之分⑤!"

"多嘴多舌!"前大臣推推我的肘子,低声地对我说。

"困难在哪里呢?"一个公爵问,他的财产是废除南特敕令⑥时,从那些抗拒的新教徒那里没收过来的。

律师站起身来:"在法律上,提交给我们的这个案子不会构成丝毫困难。公爵先生说得对!"这个法律的喉舌嚷道,"不是有时效规定吗?如果必须追究财产来源,我们大家会落到什么田地啊!这是个良心问题。如果您一定要把案子提交法庭,那就去悔罪法庭吧。"

法典化身住了嘴,坐下来,喝了一杯香槟酒。负责解释福音书的人,那位善良的教士站了起来。

"上帝把我们创造成生性脆弱。"他斩钉截铁地说,"如果您爱上这件罪行的女继承人,那就娶她吧,不过只接受母亲的财产,而把父亲的财产赠给穷人。"

"可是,"一个铁面无情的爱吹毛求疵的人叫道,这种人在社交场合屡见不鲜,"也许由于做父亲的发了财,她才结了一门好亲事。她的点滴幸福难道不始终是罪恶之果吗?"

"讨论本身就是一种判决!有些事一个人无法仔细考虑。"我从前的监护人大声地说,他以为在用一句醉后妙语去启发与会者。

"是的!"使馆秘书说。

"是的!"教士嚷道。

其实这两个人看法并不一致。

一个空论派⑦站了起来,他曾在 155 名选举人中只缺 150 票,而未被当选。

"诸位,"他说,"这个精神方面异乎寻常的事件,大大超出了社会所服从的正常状态。因此,要采取的决定应是我们良心的一个即时行为,一个突如其来的概念,一个有教益的判断,一种我们内心稍纵即逝的细微感知,如同构成鉴赏力的闪光一样。我们投票吧。"

我叫人发给每个人两只球,一白一红。白色是贞洁的象征,表示反对结婚;红球则表示赞成。我光明磊落,不参加投票。我的朋友有17个,9票构成多数。每个人都把球投入窄颈柳条篓里;平时赌客摸号下注的时候,篓里的编号球便翻动着。相当强烈的好奇心使我们激动起来,因为这种对净化道德的投票有点新奇的东西。计票时我发现9个白球!这个结果并不使我愕然;但我想到要数一下我选择的法官里面有几个同我年纪相仿的年轻人。这些来解决难题的年轻人一共9个,他们是同一个想法。

"噢!噢!"我心想,"他们心里一致赞成这门亲事,而明里却一致反对我结婚!怎样摆脱困境呢?"

"那位岳父住在哪里?"我的一个中学同学不像别人那么有城府,冒失地问。

"岳父没有了。"我大声地说,"以前我的良心说话明明白白,用不着你们来判决。眼下它的声音变弱了,这就是我胆怯的原因。两个月前,我收到了这封诱人的信。"

我从皮包里取出下面这份讣告,递给他们:

泰伊番股份公司经理,原粮食肉类供应商,荣誉勋位骑士级勋章和金马刺勋章获得者,巴黎国民自卫军第二团第一掷弹兵连连长,让-弗雷德里克·泰伊番先生,5月1日在儒贝尔街公馆内逝

原文

世。敬请阁下参加出殡、祭奠和安葬仪式,兹订于……

　　　　　　　　　　　　　　　　治丧……

"现在怎么办?"我问。"我要向你们广泛地提出问题。泰伊番小姐的地产里无疑有一滩血,她父亲的遗产是一大块 hacelma®。这我知道。但普罗斯佩·马尼昂没有留下继承人;我也没有找到在安德纳赫被害的别针厂主的家庭。财产归还给谁呢?应该归还全部财产吗?我有权利泄露一个偶然发现的秘密,在一个无辜少女的嫁妆里增添一颗割下的脑袋,让她做恶梦,剥夺她美丽的幻想,第二次杀死她的父亲,对她说:'您所有的埃居都沾上了血污'吗?我向一个老教士借来了一本《良心罪行辞典》,根本找不到我的怀疑的解答。为普罗斯佩·马尼昂、瓦伦费、泰伊番的灵魂设坛超度吗?我们是在 19 世纪。创立一所济贫院或者设立一笔道德奖金呢?道德奖金会颁给坏蛋。至于我们的大部分济贫院,我觉得今日都变成了恶习的庇护所了!再说,这种投资多少助长虚荣心,能不能弥补过失呢?而且我要弥补过失吗?我在恋爱,并且是热恋。我的爱情就是我的生命!对于一个习惯奢华、雅致、充满艺术享受的生活,喜欢在滑稽歌舞剧院懒洋洋地倾听罗西尼的音乐的姑娘,如果我无缘无故地向她提议放弃 150 万法郎,施舍给痴呆老人或好作幻想的患疥疮的人,她会笑着朝我转过背去,或者他的心腹侍女会把我看作一个恶作剧的家伙;如果在爱情令人心醉神迷的时刻,我向她赞颂俭朴生活的魅力和我在卢瓦尔河畔的小屋,如果我以我们爱情的名义要求她牺牲巴黎生活,这首先是说谎,虽然动机高尚;其次,我也许会作出可悲的试验,失去这个爱好舞会,迷恋首饰,目前爱着我的姑娘的欢心。长着卷曲的髭须,会弹钢琴,一再夸耀拜伦爵士,骑术高超,修长俊美的军官就会从我这里把她抢走。怎么办?诸位,行行好,能出个主意

原文

吗……？"

那个有教养的人，我已对你们提到过的、类似珍妮·丁斯⑨之父那类的清教徒，至今一言不发，他这时耸耸肩，对我说："笨蛋，为什么你问他是不是博韦人⑩呢？"

1831年5月于巴黎

（郑克鲁　译）

注释

① 瓦格拉姆战役：瓦格拉姆为奥地利小村，1809年7月29日拿破仑在此大败奥军。

② 车轮刑：将犯人打断四肢后绑在轮子上任其死去。

③ 一般白球表示赞成，黑球表示反对，红球持中。

④ 福瓦（1775—1825）：法国将军、政治家，1814年任军队总监，1819年任议员，主张新闻自由。死后妻儿陷入贫困，有人发起募捐。

⑤ 这句诗摘自拉辛的悲剧《费德尔》第四卷第二场。

⑥ 南特敕令：1598年法王亨利四世颁布此敕令，规定天主教为国教，但允许新教徒有信仰自由，结束了长期的宗教战争。1685年，路易十四废除此敕令，迫使新教徒大批逃往国外。

⑦ 空论派：法国王政复辟时期的君主立宪派，多为大学教师或律师，爱发空论，玩弄术语，喜钻牛角尖。

⑧ hacelma：希伯莱文，意为血地。是犹大用出卖耶稣得到的30块银币买来的一块地。

⑨ 珍妮·丁斯：英国小说家瓦尔特·司各特的小说《中洛辛郡的心脏》的女主人公，是个农村姑娘。

⑩ 意为"你为什么要去证实他是凶手"，因凶手是博韦市人。

赏析

| 赏 析 |

这是作者虚构的一个可怕的故事,也是一个非常引人入胜,引人深思的故事。

夜深人静,一个心怀不轨的实习医生撬开窗户,对一个腰缠万贯的富商举起了刀。第二天早晨,人们发现富商身首分离,财宝被洗劫一空,凶手是谁?不错,这篇小说中的确采用了一些侦探小说中常见的技巧,最明显的是悬念。赫尔曼讲的这个故事中,杀人凶手几乎从未露面,我们只看到普罗斯佩举起了凶器,却又天良发现,放弃了这一罪恶的念头而逃走。在凶杀现场,人们看到普罗斯佩的被用作凶器的医用器械,又看到他昏倒在死者的血泊中,这是第一个悬念。在嫌疑者中查找真正的凶手时,普罗斯佩不断地给他的好友作辩护,作者故意不透露这位朋友的姓名,又给故事增添了一层迷雾。在赫尔曼的故事进行的同时,作者又通过叙述者"我"的眼睛描绘出那个神秘的供应商听故事时的一些反常的表情与动作。使得故事更为扑朔迷离。直到第三部分"两种判决"中才真相大白。巴尔扎克曾写过一系列的神秘小说,在后来的小说中这种手法也时有穿插,但这里并没有像后代的侦探小说一样故弄玄虚,为吸引读者而吸引读者。

另外,小说中采用了双重叙事手法,也使读者觉得小说如捉迷藏一般。一条线索是赫尔曼的叙述,另一条贯穿小说始终的是"我"的叙述,故事中套着故事,但二者又浑然一体,共同引出作品的主题思想。

没有一个伟大的作家不是洞察人性的思想家,巴尔扎克亦不例外。他向来就是以"教育人群"为己任的(《〈人间喜剧〉前言》)。他虚构出这样一个故事来,就是为了提出问题来进行讨论,引起读者深思,以达到醒世的目的。这篇小说我们可以称之为"问题小说"。作者在这里要讨论的是复杂人性的问题,或者用他自己的话来说是"良心问题"。

赏析

作者在小说的第一段中就提出"人不能总是在做坏事。因此，即使在海盗老窝里，也能碰上轻快柔和的几小时……"。这表明作者尽管看到了人性中许多卑劣的成分。但他并没有失望，他仍然相信人性中的善，希望人们能从贪婪与罪恶中醒悟过来。作者是从不同的角度与层面来讨论这个"良心问题"、"审阅人们的灵魂"的。首先他从沉沦在罪恶之中的人的角度来探讨。这里又分为两个层面，一是普罗斯佩·马尼昂，代表的是罪恶的"意念"。他有犯罪的企图，但没有犯罪的"事实"，那么他有没有罪呢？在作者看来答案是肯定的。巴尔扎克在《〈人间喜剧〉前言》中说过："思想，或者兼有思想和感情的情欲……是社会带有破坏性的元素……思想是善恶的根源。"所以他把普罗斯佩的犯罪企图看作是两种罪行中的一种，并对他处以极刑，以此来告诫人们要想不作恶就得从杜绝作恶的"意念"入手——作者的这种观点和处理方法在我们看来，恐怕是不能接受的。泰伊番代表犯罪的另一个层面——犯罪的"事实"。他才是真正的罪犯，他为了贪图不义之财，不仅谋杀了富商瓦伦费，而且嫁祸于自己的好友，把他推向死亡。普罗斯佩在即将把"意念"变成现实之际能幡然悔悟，而且在狱中不断为自己的可耻企图忏悔，表明他有良心这一点是无疑的。对泰伊番的处理更能表明作者的观点。巴尔扎克没有再去写泰伊番犯罪的经过与犯罪心理，而只写了他在听赫尔曼的故事时表现出来的不断加剧的心理恐惧与痛苦，来表现他复杂的内心。泰伊番尽管靠那笔血腥财富而飞黄腾达了，但他的心里却不曾有过片刻安宁，近30年一直为那谋财害命而带来的刻骨镂心的痛楚所折磨，以致"宁愿受车轮刑，也不愿忍受这样的痛苦"。他最后为此而自杀了。泰伊番的内心痛苦与自杀说明，尽管他的罪恶逃过了法律的制裁与舆论的谴责，但最终没逃过良心的惩罚；说明尽管他十恶不赦，但还没有天良泯尽，人性中仍有向善的倾向。

接着，作者笔锋一转，从往日的故事回到现实社会中来，从另一个角度来讨论这个"良心问题"，即人们应该怎样来对待这一犯罪事实及其后

赏析

果——罪犯留下的那笔肮脏的财产的问题。这里作者通过叙述者"我"组织一个"良心法庭"来裁定是否与凶手联姻这一虚构故事,不仅审判了"我"的良心,也审判了整个社会的良心,同时尖锐地批判了社会现实。主人公"我"在宴会上偶然发现热恋中的情人维克托丽娜的父亲这一犯罪事实后,陷入了深深的内心矛盾中。一方面他离不开维克托丽娜,这样他就得与她结婚,就得让她维持她那些高雅的情趣和养尊处优的生活,就得继承那笔肮脏的财产。另一方面,他的良心又反对他这样做,因为这样无异于认同犯罪。主人公自己无力解决这个"良心问题",他组织的"良心法庭"也并没有解决它。那么主人公何去何从呢?在小说的最后,作者通过"我"之口请求道:"怎么办?诸位,行行好,能出个主意吗……?"这无异于把问题摆到了读者的面前,无异于在问:"读者诸君,如果你们遇到这样的问题,会怎么办呢?"

选文部分,巴尔扎克虚构的"良心法庭"及其"法官们"的辩解与投票,是他给我们描绘出的一幅社会风俗画、群丑图。这些"最正直、最高尚和最有荣誉感的人",这些"一切社会舆论,一切实际美德的代表"——我们不可以将这些话理解为反语吗?——的言论可以归结为:这个社会的法律、宗教、道德和舆论都只问你是有财产还是没有财产,至于财产的来源则是不会去过问的,因为它们本来就是为有财产的人服务的。那么良心呢?这个社会还讲不讲良心呢?结尾一位"法官"问道:"为什么你问他是不是博韦人呢?"这传神的一问其实给了我们一个很好的回答:你只要知道他有财产就行了,管他杀过人没有,管他什么良心呢?

通过小说末尾的这一问,我们又一次看到了巴尔扎克式的讽刺,巴尔扎克的讽刺是双重的,既是对人性的讽刺,也是对社会的讽刺。《红房子旅馆》中的时间跨度有30多年,在这30多年间,作者描述的人的贪婪本性或情欲是没有改变的,只是方式更为隐秘,更为"进步"了。在这篇小说中我们的确可以看到从葛朗台到戈布塞克到纽沁根式的"进步"。起初是泰伊

原文

番的赤裸裸的谋财害命,但到了30年后的"我"这一辈人中,人们懂得了用不同的方式来达到同样的目的,"良心法庭"上的9个年轻人一致投票反对主人公同凶犯女儿的婚姻,因为这样他们自己就有了机会去继承富翁的那块"血地"。这里也可以看到巴尔扎克对人性的看法的矛盾。在前面我们说过,巴尔扎克相信人性中的善的倾向,但另一方面他向我们描绘出来的却是人性中恶的不变性与广泛性。同样我们也可以看到巴尔扎克对社会的矛盾性观点。一方面他认为:"社会不仅没有败坏人心,反而使人趋于完善,使人变得更加善良"(《〈人间喜剧〉前言》),但这篇小说末尾表现出来的却并非如此。组成"良心法庭"的那"一切社会舆论,一切实际美德的代表",不正是代表着这个社会吗?而他们对待犯罪不是谴责与惩罚,而是宽容与纵容,促使人性向恶。

(陈庆勋)

夏倍上校

| 作品提要 |

　　夏倍上校为国征战,立下卓越功勋。有一次战斗,他受伤倒在尸体堆中,却被误作阵亡。他回到巴黎之后,身份无法得到承认,甚至被当成疯子。他的妻子罗西纳已经带着他的"遗产"改嫁一位贵族,并生了两个孩子。夏倍上校在代理人但维尔的帮助下试图通过法律恢复身份,但屡屡碰壁。罗西纳害怕夏倍上校恢复身份会影响自己的地位,又不愿意提供金钱补偿来和解。于是她利用夏倍上校的善良玩弄手段,最终使得夏倍上校放

一

原文

弃了找回身份,只能在救济院悲惨度日。

| 作品选录 |

　　夏倍伯爵在交给公证人的第一张收据上写的地址是:圣马尔索区小银行家路;房东是一个在帝国禁卫军中当过上士的老头儿,叫做韦尼奥,现在做着鲜货买卖。到了街口上,但维尔不得不下车步行;因为马夫不肯把轻便两轮车赶进一条不铺石子的街,地下的车辙也的确太深了。诉讼代理人向四下里望了一会,终于在紧靠大街的小巷子的某一段,在两堵用兽骨和泥土砌的围墙中间,瞧见两根粗糙的石柱,被来往的车辆撞得剥落了,虽然前面放着两块代替界石的木头也保护不了。石柱顶上有个盖着瓦片的门楣,底下有根横梁,梁上用红字写着韦尼奥鲜货行。字的右首用白漆画着几个鸡子,左首画一条母牛。大门打开着,看样子是整天不关的。进门便是一个相当宽敞的院子,院子的尽里头,朝着大门有所房子,倘若巴黎各区的一些破房还能称作房子的话;它们跟无论什么建筑物都不能比,甚至还比不上乡下最单薄的住房,因为它们只有乡下破房的贫窭而没有它的诗意。田野里有的是新鲜的空气,碧绿的草原,阡陌纵横的景致,起伏的岗峦,一望无际的葡萄藤,曲折的小路,杂树围成的篱垣,茅屋顶上的青苔,农家的用具;所以便是草房木屋也另有一番风味,不像巴黎的贫民窟因为丑恶而只显出无边的苦难。

　　这所房子虽是新盖的,已经有随时可以倒坍的样子。材料没有一样是真正合用的,全是旧货,因为巴黎每天都在拆房子。但维尔看见一扇用木板钉成的护窗上还有时装商店几个字。所有的窗子式样都不一律,装的方式也怪得很。似乎可以居住的底层,一边高一边低;低的一边，房间都在地面之下。大门与屋子中间有一个坑，堆满垃圾，其中有雨水，也有屋子里泼出来的脏水。单薄的屋子所依靠的墙要算是最坚固的一堵了；墙根搭着几个稀格的棚子，让一些兔子在里面尽量繁殖。大门右边是个牛棚，顶上是堆干草的阁楼，紧接着一间和正屋通连的牛奶房。左边有一个养鸡鸭的小院子，一个马棚，一个猪栏，猪栏的顶和正屋一样用破板钉成，上面的灯芯草也盖得很马虎。

但维尔插足的院子，和每天供应巴黎食物的场所一样，因为大家要赶早市，到处留下匆忙的痕迹。这儿鼓起来、那儿瘪下去的白铁壶，装乳酪用的瓦罐，塞瓶口用的布条，都乱七八糟丢在牛奶房前面。抹这些用具的破布挂在两头用木柱撑着的绳上，在太阳底下飘飘荡荡。一匹只有在牛奶房里才看得见的那种驯良的马，拖着车走了几步，站在大门紧闭的马棚外面。开裂而发黄的墙上，爬着盖满尘土的瘦小的葡萄藤，一只山羊正在啃藤上的嫩叶。一只猫蹲在乳酪罐上舔乳酪。好些母鸡看到但维尔走近，吓得一边叫一边飞，看家的狗也跟着叫起来。

但维尔对这幕丑恶的景象一瞥之下，心上想："噢！决定埃洛一仗胜败的人原来住在这里！"

看房子的只有三个男孩子。一个爬在一辆满载青草的车上，向邻屋的烟囱摔石子，希望石子从烟囱里掉进人家的锅子。另外一个想把一只猪赶到车身碰着地面的木板上，第三个拿手攀着车身的另一头，预备猪上了木板，叫它一上一下的颠簸。但维尔问他们夏倍先生是不是住在这儿，他们都一声不出，只管望着他，神气又痴骏又机灵，——假如这两个字可以放在一起的话。但维尔又问了一遍，得不到回音。他看着三个顽童的狡猾样子心中不耐烦，便拿出年轻人对付儿童的办法，半真半假地骂了一声，不料他们反倒粗野地大笑起来。这一下但维尔可恼了。上校听到声音，从牛奶房旁边一间又矮又小的屋内走出来，站在

原文

房门口声色不动,完全是一副军人气派;嘴里咬着一支烟膏极重(抽烟的人的术语)、质地粗劣,俗称为烫嘴的白泥烟斗。他把满是油腻的鸭舌帽的遮阳掀了掀,看见了但维尔,因为急于要赶到恩人前面,马上从垃圾堆中跨过来,同时声音很和善地向孩子们喊着:

"弟兄们,别闹!"

三个孩子立刻肃然静下来,足见老军人平日的威严。

他招呼但维尔:"啊,干吗不写信给我呢?"接着他看见客人迟疑不决,怕垃圾弄脏靴子,便又说:"你沿着牛棚走罢,那儿地下是铺着石板的。"

但维尔东窜一下,西跳一下,终于到了上校的屋门口。夏倍因为不得不在卧房里接待客人,脸上很难堪。的确,但维尔在屋内只看到一张椅子。床上只有几束干草,由女主人铺着两三条不知从哪儿弄来的破烂地毯,平常是送牛奶女人垫在大车的木凳上的。脚下是泥地。发霉的墙壁长着绿毛,到处开裂,散布的潮气那么重,只能用草席把紧靠卧床的那片墙遮起来。一只钉上挂着那件可笑的卡列克。墙角里东倒西歪地躺着两双破靴子。至于内衣被服,连一点儿影踪都没有。虫蛀的桌上有一本普朗歇翻印的《帝国军报》打开在那里,好像是上校的经常读物。他在这清苦的环境中神态安详,非常镇静。从那次访问但维尔以后,他面貌似乎改变了;代理人看出他脸上有些心情愉快的影子和由希望反映出来的一道淡淡的光。

他把草垫只剩一半的椅子端给代理人,问道:"我抽烟会使你觉得不舒服吗?"

"嗳,上校,你住的地方太糟了!"

但维尔说这句话是因为第一,代理人都天生多疑;第二,他涉世不久便看到一些幕后的惨剧,得了许多可叹的经验,所以心上想:

原文

"哼,这家伙拿了我的钱一定去满足他当兵的三大嗜好了:赌钱,喝酒,玩女人!"

"是的,先生,我们这儿谈不到享受,只等于一个营帐,全靠友情给它一些温暖,可是……"说到这儿,老军人用深沉的目光瞅着法学家,"可是我从来没害过人,没做过使人难堪的事,不会睡不着觉的。"

代理人觉得盘问他怎么使用那笔预支的钱未免太不客气,结果只说:

"为什么不搬到城里去呢?你不用花更多的钱,可是住得舒服多了。"

上校回答:"这里的房东让我 gratis① 吃住了一年,难道我现在有了些钱就离开吗?何况这三个孩子的父亲还是个老埃及人……"

"怎么!是个埃及人?"

"参加过出征埃及的兵,我们都叫做埃及人。我也是其中之一。不但从那里回来的彼此跟弟兄差不多,并且韦尼奥还是我部队里的,在沙漠中和我一块儿喝过水。再说,我教他的几个娃娃认字还没教完呢!"

"既然你付了钱,他应该让你住得好一些。"

"嘿!他的几个孩子还不是和我一样睡在草堆里!他夫妻俩的床也不见得更舒服;他们穷得很,又不自量力,盘了一个铺子。倘若我能收回财产……得啦,别提了!"

"上校,我明后天就能收到你海尔斯贝格的文件。你的恩人还活着呢!"

"该死的钱!难道我没有钱吗?"他嚷着把土烟斗摔在了地下。

一支烟膏厚重的烟斗对一个抽烟的人是很宝贵的;但他的摔破烟斗是激于义愤,自然而然流露出来的举动,大概烟草专卖局也会加以原谅,②而烟斗的碎片也许会由天使给捡起来罢。

原文

但维尔跨出房间,想沿着屋子在太阳底下走走。

他说:"上校,你的案子真是复杂极了。"

上校回答:"我觉得简单得很。人家以为我死了,我可是活着!应当还我妻子,还我财产;政府也得给我将官的军阶,因为埃洛战役以前,我已经是帝国禁卫军的上校了。"

"在司法界里,事情就不这么简单啦。我可以承认你是夏倍伯爵;但对于那些为了本身利益而只想把你否认的人,是要用法律手续来证明的。你的文件必然会引起争辩,而这个争辩又得引起十几个先决问题,发生许多矛盾,直要告到最高法院,中间不知要花多少钱打多少官司,拖多少时间;那是我无论如何努力也阻止不了的。你的敌人会请求当局作一个详细的调查,我们不能拒绝,或许还需要委托普鲁士邦组织委员会就地查勘。即使一切顺利,司法当局很快地承认你是夏倍上校了,但费罗伯爵夫人那件无心的重婚案,谁知道他们怎么判决呢?在这种情形之下,你和费罗伯爵究竟谁对伯爵夫人更有权利,不在法典规定的范围之内,只能由法官凭良心裁判,正如社会上有些特殊的刑事案件只能由陪审官用自由良心裁判一样。你和你太太并没生男育女,费罗先生和他太太却生有两个儿子;法官的裁定,可能把婚姻关系比较浅的一方面牺牲,只要另一方面的结合是出于善意。以你这个年龄,这个处境,坚决要求把一个已经不爱你的女人判还给你,你精神上会舒服吗?你的太太和她现在的丈夫势必和你对抗,而这两位又是极有势力,可能左右法院的。所以官司非拖不可。那期间你却是悲愤交加,很快地衰老了。"

"那么我的财产呢?"

"你以为你真有天大的家私吗?"

"我当初不是有三万法郎收入吗?"

原文

"上校,你在一七九九年上还没结婚的时候,立了一份遗嘱,注明把四分之一的遗产捐给救济机关。"

"不错。"

"那么既然人家认为你死了,不是要把你的财产登记,清算,才能把那四分之一拨给救济机关吗?你的太太只顾着自身的利益,不惜损害穷人的利益。清点遗产的时候,她的现款和首饰一定是隐匿不报的,便是银器也只拿出小小的一部分;家具的估价只等于实际价值的三分之一,或是为她自己留地步,或是为了少付一笔税,同时也因为那是由估价员负责的,所以她尽可以胆大妄为;登记的结果,你的财产只值六十万法郎。你的寡妇照理应当得一半。拍卖的遗产都由她出钱买回来,沾了不少便宜,救济机关把应得的七万五拿去了。③你遗嘱上既没提到妻子,没有受主的那份遗产应当归入公家,但皇帝下了一道上谕,把那一份给了你的寡妇。由此看来,你现在名正言顺可以争回来的财产还有多少呢?仅仅是三十万法郎,还得除掉一切费用。"

上校大吃一惊,问道:"你们把这个叫做大公无私的法律吗?"

"当然喽……"

"那真是太妙了!"

"上校,法律就是这么回事。现在你该明白了吧,你认为容易的事并不容易。可能费罗太太还想把皇帝给她的那一份抓着不放呢。"

"事实上她又不是寡妇,那道上谕应当作废。"

"对。可是世界上没有一件事不可以争辩。告诉你,在这种情形之下,我觉得对你,对她,和解是最好的办法。你和解以后所能到手的财产,可以比你在法律上有权收回的更可观。"

"那不等于把我的妻子卖掉吗?"

"一年有了两万四的收入,再加你的地位,尽可找一个比你原来的

原文

太太更合适,使你更幸福的女人。我预备今天就去拜访费罗伯爵夫人,探探风色,但我没通知你以前,不愿意就去。"

"咱们一块儿去罢……"

"凭你这种装束去吗?"代理人说,"不行,不行,上校。那你的官司是输定了……"

"我这官司有没有希望打赢呢?"

"从无论哪一点上看都没问题。可是亲爱的上校,你忘了一件事。我不是富翁,我为了受盘事务所借的债还没还清。倘若法院答应预支你一笔钱,就是说让你在应得的财产里头先拿一部分,也得等到你夏倍伯爵,荣誉勋位二级获得者的身份确定以后。"

"啊!我还是荣誉勋位二级获得者呢,我竟忘了,"他很天真地说。

但维尔接着又道:"而你的身份没确定以前,不是先得叫人辩护吗?律师,要钱;送状子,抄判决书,要钱;执达吏,要钱;你自己还得有笔生活费。几次预审的费用,约估一下就得一万二到一万五以上。我没有这笔款子;借钱给我盘这个事务所的债主要的利息很高,把我压得喘不过气来。而你,你又从哪儿去张罗?"

可怜的军人黯淡无光的眼中滚出两颗很大的泪珠,淌在全是皱痕的面颊上。看到这些困难,他灰心了。社会与司法界像一个噩梦似的压着他的胸部。

他嚷道:"好吧,我去站在旺多姆广场的华表下面,大声地叫:我是夏倍上校,我是在埃洛冲破俄罗斯大军的方阵的人!——那铜像一定认得我的。"④

"这样,人家就把你送沙朗通。"

一听到这可怕的名字,老军人可泄气了。

"难道陆军部也不会有人替我作主吗?"

原文

"那些衙门!"但维尔说,"要去先把宣告你的死亡无效的公事端整好了再去。他们正恨不得把所有帝政时代的人物一齐消灭呢。"

上校呆若木鸡,一动不动地愣了好一会,眼睛视而不见地朝前望着。军事法庭办起事来是干脆,迅速,粗暴的,判的案子几乎永远是公道的;夏倍所知道的法律只有这一种。如今看到所要遭遇的难关像迷魂阵一样,要花多少钱才能进去游历一周,可怜的军人的意志不禁受到严重的打击,而意志原是男人特有的一种力量。他觉得受不了打官司的生活,还不如熬着穷苦,做个叫化子,或者有什么部队肯收留,再去投军当个骑兵,倒反简单多了。肉体与精神的痛苦,因为损害了几个最重要的器官,已经使他健康大受影响。他害的病在医药上没有名字,病灶像我们身上受害最烈的神经系统一般,没有一定的地方,只能称之为痛苦的忧郁症。这种无形而实在的病不论怎么严重,只要生活愉快,还是能痊愈的。但要完全摧毁他结实的身体,只消一个新的阻碍或是什么意外的事,把已经衰弱的生机斩断,使他处处犹豫,作事有头无尾,没人了解,——那都是生理学家在受伤过度的人身上常常看到的症状。

但维尔发觉当事人有了失魂落魄的现象,便说:

"别灰心,结果只会对你有利的。但你得想一想是否能完全信托我,对我认为最好的办法能不能闭着眼睛接受?"

"你爱怎办就怎办吧。"夏倍说。

"不错,但你听我摆布的程度,是不是能够把生死置之度外?"

"难道我从此只能无名无姓,没有身份地混下去吗?这怎么受得了?"

"我的意思不是这样,"代理人说,"我们可以用友好的方式得到法院的判决,把你的死亡登记和婚约撤销,把你的公民权恢复。靠了费罗伯爵的力量,你一定还能得到将官的军阶和一笔恩俸。"

> 原文

"好,你放手做去吧!我完全信托你。"

"那么我等会把委托书寄给你签字。再见了,别灰心!要用钱,尽管问我。"

夏倍很热烈地握了握但维尔的手,背靠着墙,除了目送一程以外没有气力再送客。正如一般不大了解司法界内情的人,他看到这场意想不到的斗争吓坏了。

………………

伯爵夫人一到,但维尔就把上校请到卧房去坐。

他说:"太太,因为不知道你愿不愿意和夏倍伯爵见面,我把你们俩分开了。倘若你喜欢……"

"先生,多谢你这么体贴。"

"我拟了一份和解书的稿子,其中的条款,你和夏倍先生可以当场磋商;两方面的意思由我居间传达。"

"好罢,先生。"伯爵夫人作了一个不耐烦的手势。

但维尔念道:

"立协议书人甲方:亚森特,别号夏倍,现封伯爵,陆军少将,荣誉勋位二级获得者;住巴黎小银行家路;

乙方:萝丝·沙波泰勒,为甲方夏倍伯爵之妻……"

伯爵夫人插言道:"开场的套头不用念了,单听条文罢。"

"太太,"代理人回答,"开场的套头很简短地说明你们双方的地位。然后是正文。第一条,当着三个见证,——其中两位是公证人,一位是你丈夫的房东,做鲜货买卖的,我已经关照他严守秘密,——你承认甲方是你的前夫夏倍伯爵;确定他身份的文书,由你的公证人克罗塔另行办理。

原文

"第二条，甲方为顾全乙方幸福起见，除非在本和解书规定的情形之下，自愿不再实行丈夫的权利。"但维尔念到这儿又插进两句："所谓本和解书规定的情形，就是乙方不履行这个秘密文件中的条款。——其次，甲方同意与乙方以友好方式，共同申请法院撤销甲方之死亡登记，及甲方与乙方之婚约。"

伯爵夫人听了很诧异，说道："这一点对我完全不合适，我不愿意惊动法院。你知道为什么。"

代理人声色不动，照旧往下念：

"第三条，乙方自愿每年以二万四千法郎交与甲方夏倍伯爵；此项终身年金由乙方以购买政府公债所生之利息支付；但甲方死亡时，本金仍归乙方所有……"

"那太贵了！"伯爵夫人说。

"你能花更低的代价成立和解吗？"

"也许。"

"太太，那么你要怎办呢？"

"我要……我不要经过法院；我要……"

"要他永远做死人吗？"但维尔顶了一句。

"先生，倘若要花二万四的年金，我宁可打官司……"

"好，咱们打官司罢，"上校用他那种调门很低的声音嚷道。他突然之间打开房门站在他女人面前，一手插在背心袋里，一手指着地板。因为想起了痛苦的往事，他这姿势格外显得悲壮。

"真的是他！"伯爵夫人私下想。

老军人接着又道："哼，太贵了！我给了你近一百万，你却眼看我穷途潦倒，跟我讨价还价。好罢，现在我非要你不可了，既要你的财产，也要你的人。咱们的财产是共有的，咱们的婚约还没终止……"

原文

伯爵夫人装作惊讶的神气,嚷道:"这一位又不是夏倍上校喽。"

"啊!"老人带着挖苦得很厉害的口吻,"你要证据吗?我当初是在王官市场把你找来的……"

伯爵夫人马上变了脸色。老军人看到自己从前热爱的女人那么痛苦,连胭脂也遮不了惨白的脸色,不由得心中一动,把话咽住了。但她睁着恶毒的眼睛瞪着他,于是他一气之下,又往下说道:

"你原来在……"

"先生,我受不了,"伯爵夫人对代理人说,"让我走罢。我不是到这儿来听这种下流话的。"

她站起身子走了。但维尔跟着冲出去。伯爵夫人像长了翅膀似的,一霎眼就飞掉了。代理人回到办公室,看见上校气坏了,在屋子里大踏步蹀着。

他说:"那个时候一个人讨老婆是不管出身的;我可是拣错了人,被她的外表骗过去了;谁知她这样的没心没肝。"

"唉,上校,我不是早告诉你今天别来吗?现在我相信你真是夏倍伯爵了。你一出现,伯爵夫人浑身一震:我把她的思想看得清清楚楚。可是你的官司输定了,你太太知道你面目全非,认不得了。"

"那我就杀了她……"

"发疯!这不是把你自己送上断头台吗?说不定你还杀不了她!一个人想杀老婆而没杀死,才是大笑话呢。让我来补救罢,大孩子!你先回去,诸事小心;她很可能安排一些圈套,送你上沙朗通的。我要立刻把公事送给她,以防万一。"

可怜的上校听从了恩人的吩咐,结结巴巴说了几句抱歉的话,出门了。他慢吞吞地走下黑暗的楼梯,憋着一肚子郁闷,被刚才那一下最残酷、把他的心伤得最厉害的打击压倒了。走到最后一个楼梯台,他听见

原文

衣衫窸窣的声音,忽然太太出现了。

"跟我来,先生,"她上来挽着他的手臂;那种姿势他从前是非常熟悉的。

伯爵夫人的举动和一下子又变得温柔的口吻,尽够消释上校的怒意,把他带到车子旁边。

跟班的放下踏级,伯爵夫人招呼上校道:"喂,上车罢!"

于是他像着了魔似的,挨着妻子坐在轿车里。

"太太上哪儿去?"跟班的问。

"上格罗莱。"

驾车的马开始奔驰,穿过整个巴黎城。

"先生……"伯爵夫人叫出这两个字的声音是泄露人生最少有的情绪的声音,表示身心都在震颤。

在这种时候,一个人的心,纤维,神经,面貌,肉体,灵魂,甚至每个毛孔都在那里抖动。我们的生命似乎不在自己身上了;它跑在身外跳个不停,好像有瘟疫一般的传染性,能借着目光,音调,手势,去感应别人,把我们的意志去强制别人。老军人仅仅听她叫出可怕的"先生"二字,就打了一个寒噤。那两字同时包含责备,央求,原谅,希望,绝望,询问,回答的意味,简直包括一切。能在一言半语之间放进那么多意思那么多感情的,必然是高明的戏子。一个人所能表达的真情实意往往是不完全的,真情决不整个儿显露在外面,只让你揣摩到内在的意义。上校对于自己刚才的猜疑,要求,发怒,觉得非常惭愧,便低着头,不愿意露出心中的慌乱。

伯爵夫人略微歇了一会,又道:"先生,我一看见你就认出来了!"

"罗西纳,"老军人回答,"你这句话才是唯一的止痛膏,能够使我把过去的苦难忘了的。"

原文

他像父亲对女儿一般抓着妻子的手握了握,让两颗热泪掉在她手上。

"先生,你怎么没想到,以我这样为难的处境,在外人面前怎么受得了!即使我的地位使我脸红,至少让我只对自己人脸红。这一段秘密不是应当埋在我们心里的吗?希望你原谅我对夏倍上校的苦难表面上不理不睬。我觉得我不应当相信他还活着。"她看到丈夫脸上有点儿质问的表情,便赶紧声明:"你的信是收到的;但收到的时候和埃洛战役已经相隔十三个月,又是被拆开了的,脏得要命,字也不容易认。既然拿破仑已经批准我再嫁的婚约,我就认为一定是什么坏蛋来耍弄我。为了避免扰乱费罗伯爵的心绪,避免破坏家庭关系,我不得不防有人假冒夏倍。你说我这么办对不对?"

"不错,你是对的;我却是个傻子,畜生,笨伯,没把这种局面的后果细细想一想。"上校说着,看见车子经过小圣堂门,便问:"咱们到哪儿去呢?"

"到我的乡下别墅去,靠近格罗莱,在蒙摩朗西盆地上。先生,咱们在那儿可以一同考虑怎么办。我知道我的责任,我在法律上固然是你的人,但事实上不属于你了。难道你愿意咱们俩成为巴黎的话柄吗?这个局面对我简直是桩大笑话,还是别让大众知道,保持咱们的尊严为妙。"她对上校又温柔又凄凉地瞟了一眼,接着说:"你还爱着我;可是我,我不是得到了法律的准许才另外结婚的吗?处于这个微妙的地位,我冥冥中听到一个声音,教我把希望寄托在你的慷慨豪侠上面,那是我素来知道的。我把自己的命运交在你一个人手里,只听凭你一个人处理:这算不算我错了呢?原告和法官,请你一个人兼了罢。我完全信托你高尚的心胸。你一定能宽宏大量,原谅我无心的过失所促成的后果。因此我敢向你承认,我是爱费罗先生的,也自认为有爱他的权利。我在你面前说这个话并不脸红;即使你听了不舒服,可并不降低我们的人格。我不能把事实瞒你。当初命运弄人,使我做了寡妇的时候,我并没有身孕。"

上校对妻子做了个手势,意思要她别往下说了。车子走了一里多路,两人没交换一句话。夏倍仿佛看到两个孩子就在面前。

"罗西纳!"

"怎么呢?"

"死人不应该复活,是不是?"

"噢!先生,哪里,哪里!别以为我忘恩负义。可是你离开的时候留下的妻子,你回来的时候她不但再嫁了,而且做了母亲。虽然我不能再爱你,但我知道受你多少恩惠,同时我还有像女儿对父亲那样的感情奉献给你。"

"罗西纳,"老人用温柔的声调回答,"现在我一点不恨你了。咱们把一切都忘了罢。"说到这里,他微微笑了笑,那种仁慈的气息永远是一个人心灵高尚的标记,"我不至于那么糊涂,硬要一个已经不爱我的女人假装爱我。"

伯爵夫人瞅了他一眼,不胜感激的表情使可怜的夏倍几乎愿意回进埃洛的死人坑。世界上真有些人抱着那么伟大的牺牲精神,以为能使所爱的人快乐便是自己得了酬报。

"朋友,这些事等咱们以后心情安定的时候再谈罢。"伯爵夫人说。

于是两人的谈话换了一个方向,因为这问题是不能长久谈下去的。虽然夫妻俩或是正式的,或是非正式的,常常提到他们古怪的局面,一路上倒也觉得相当愉快,谈着过去的夫妇生活和帝政时代的旧事。伯爵夫人使这些回忆显得甜蜜可爱,同时在谈话中加进一点必不可少的惆怅的情调,维持他们之间的庄严。她只引起对方旧日的爱情,而并不

原文

刺激他的欲念；一方面尽量让前夫看到她内心的境界给培养得多么丰富，一方面使他对于幸福的希冀只限于像父亲见着爱女一般的快慰。当年上校只认识一个帝政时代的伯爵夫人，如今却见到一个王政复辟时代的伯爵夫人。最后，夫妇俩穿过一条横路到一个大花园；花园的所在地是马尔让西高岗与美丽的格罗莱村子之间的一个小山谷。伯爵夫人在这儿有一所精雅的别庄；上校到的时候，发现一切布置都是预备他夫妇俩小住几天的。苦难好比一道神奇的符箓，能加强我们的天性，使猜忌与凶恶的人愈加猜忌愈加凶恶，慈悲的人愈加慈悲。

以上校而论，不幸的遭遇反倒使他心肠更好，更愿意帮助人。女性的痛苦，多半的男子是不知道它的真相的，这一下上校可是体会到了。但他虽则胸无城府，也不由得和妻子说：

"你把我带到这儿来觉得放心吗？"

"放心的，倘若在跟我打官司的人身上，我还能找到夏倍上校的话。"

她回答的神气装得很真诚，不但祛除了上校心里那个小小的疑团，甚至还使他暗中惭愧，觉得不应该起疑。一连三天，伯爵夫人对待前夫的态度好得无以复加。她老是那么温柔，那么体贴，仿佛要他忘掉过去所受的磨折，原谅她无意中（照她自己的说法）给他的痛苦。她一边表现一种凄凉抑郁的情绪，一边把他素来欣赏的风度尽量拿出来；因为有些姿态，有些感情的或精神的表现，是我们特别喜欢而抵抗不了的。她要使他关切她的处境，惹动他的柔情，以便控制他的思想而称心如意地支配他。

她决意要不顾一切地达到目的，只是还没想出处置这男人的方法，但要他在社会上不能立足是毫无问题的。

第三天傍晚，她因为不知道自己的战略结果如何，觉得心乱如麻，

原文

无论如何努力,面上总是遮盖不了。为了松动一下,她上楼到自己屋里,对书桌坐着,把在上校面前装作心情安定的面具拿了下来,好比一个戏子演完了最辛苦的第五幕,半死不活地回到化装室,把截然不同的面目留在舞台上。她续完了一封写给德贝克的信,要他上但维尔那边,以她的名义把有关夏倍上校的文件抄来,然后立刻赶到格罗莱看她。刚写完,她听见走廊里有上校的脚步声,原来他是不放心而特意来找她的。

她故意高声自言自语:"唉!我要死了才好呢!这局面真受不了……"

"啊,怎么回事呀?"老人问。

"没有什么,没有什么。"

她站起来,离开上校下楼去,偷偷把信交给贴身女仆送往巴黎,面交德贝克,等他看过了还得把原信带回。然后伯爵夫人到一个并不怎么偏僻的地方拣一张凳子坐下,使上校随时能找到她。果然上校已经在找她了,便过来坐在她身边。

"罗西纳,你怎么啦?"

她不作声。傍晚的风光幽美恬静,那种说不出的和谐使六月里的夕照格外韵味深长。空气清新,万籁俱寂,只听见花园深处有儿童笑语的声音,给清幽的景色添上几段悦耳的歌曲。

"你不回答我吗?"上校又问了一声。

"我的丈夫……"伯爵夫人忽然停下,做了一个手势,红着脸问:"我提到费罗伯爵该怎么称呼呢?"

"就说你的丈夫罢,可怜的孩子;他不是你两个孩子的父亲吗?"上校用慈祥的口吻回答。

她说:"倘若费罗先生问我到这儿来干什么,倘若他知道我跟一个

原文

陌生人躲在这里,我对他怎么交代?"然后又拿出非常庄严的态度:"先生,请你决定罢,我准备听天由命了……"

上校抓着她的手:"亲爱的,为了你的幸福,我已经决定牺牲自己……"

她浑身抽搐了一下,嚷道:"那不行。你想,你所谓牺牲是要把你自己否定,而且要用切实的方式……"

"怎么,我的话还不足为凭吗?"

切实二字直刺到老人心里,使他不由自主地起了疑心。他对妻子瞅了一眼,她脸一红,把头低下了;而他也生怕自己会瞧她不起。伯爵夫人素来知道上校慷慨豪爽,毫无虚假,唯恐这一下把这血性男子的严格的道德观念伤害了。双方这些感想不免在他们额上堆起一些乌云,但由于下面一段插曲,两人之间的关系马上又变得和谐了。事情是这样的:伯爵夫人听到远远有一声儿童的叫喊,便嚷道:

"于勒,别跟妹妹淘气!"

"怎么!你的孩子在这里吗?"上校问。

"是的,可是我不许他们来打扰你。"

老军人从这种殷勤的措置唯摸出女性的体贴和用心的细腻,便握着伯爵夫人的手亲了一下。

"让他们到这儿来罢。"他说。

小女孩子跑来告状,说她哥哥捣乱:

"妈妈!"

"妈妈!"

"他把我……"

"她把我……"

两个孩子一齐向母亲伸着手,喊喊喳喳地闹成一片,等于突然展开了一幅美妙动人的图画。

伯爵夫人的眼泪再也忍不住了："可怜的孩子！唉，要离开他们了！法院将来判给谁呢？母亲的心是分割不开的，叫我怎么放得下呢？"

"是您怄妈妈哭的吗？"于勒怒气冲冲地问上校。

"别多嘴，于勒！"母亲很威严地把他喝住了。

两个孩子不声不响地站在那里，一忽儿瞧瞧母亲，一忽儿瞧瞧客人，好奇的神色非言语所能形容。

"噢！"她又说，"倘若要我离开伯爵而让我保留孩子，那我不管什么也就忍受了……"

这句攸关大局的话使她全部的希望都实现了。

"对！"上校好像是把心里想了一半的话接下去，"我早说过了；我应该重新钻下地去。"

"我怎么能接受这样的牺牲呢？"伯爵夫人回答，"固然有些男人为了挽救情妇的名誉不惜一死，但他们只死一次。你却是每天都受着死刑！那断断使不得！倘若只牵涉到你的生命倒还罢了；可是要你签字声明不是夏倍上校，承认你是个冒名的骗子，牺牲你的名誉，从早到晚地向人说谎……噢，一个人无论怎么牺牲也不能到这个地步。你想想罢！那怎么行！要没有这两个可怜的孩子，我早跟你逃到天涯地角去了……"

"嗳，"夏倍说，"难道我不能在这儿待下去，装作你的亲戚，住在你那个小楼里吗？我已经老朽无用，像一尊废炮，只要一些烟草和一份《宪政报》就行了。"

伯爵夫人哭得像泪人儿一般。两人你推我让，争着要牺牲自己，结果是军人得胜了。一天傍晚，在暮色苍茫，万籁俱寂的乡间，眼看孩子们绕在母亲膝下，宛然是一幅融融泄泄的天伦图的时候，老军人感动得

原文

忍不住了,决意回到坟墓中去,也不怕签署文件,切切实实地否定自己了。他问伯爵夫人应当怎办才能一劳永逸地保障她家庭的幸福。

她回答说:"随你怎办罢!我声明决不参加这件事。那是不应该的。"

德贝克已经到了几天,依照伯爵夫人的吩咐,居然和老军人混得很好,得到了他的信任。第二天早上,夏倍伯爵和他两人一同出发到圣勒-塔韦尼去。德贝克已经委托那边的公证人替夏倍拟好一份声明书,可是措辞那么露骨,老军人听完条文马上跑出事务所,嚷道:

"该死!该死!那我不成了个小丑吗?不是变了个骗子吗?"

"先生,"德贝克和他说,"我也不劝你立刻签字。换了我,至少要伯爵夫人拿出三万法郎年金,那她一定给的。"

上校像正人君子受了污辱一般,睁着明亮的眼睛把老奸巨猾的坏蛋瞪了一眼,赶紧溜了,胸中被无数矛盾的情绪搅得七上八下。他又变得猜疑了,一忽儿愤慨,一忽儿冷静。

他终于从围墙的缺口中进入格罗莱的花园,慢吞吞地走到一个可以望见圣勒-塔韦尼大路的小亭子里歇息,预备在那儿仔细想一想。园子里的走道铺的不是细石子,而是一种红土。伯爵夫人坐在上头一个小阁的客厅内,没听见上校回来;她专心一意想着事情的成功,完全没留意到丈夫那些轻微的声响。老人也没发觉妻子坐在小阁上。

伯爵夫人从隔着土沟的篱垣上面,望见总管一个人在路上走回来,便问:"喂,德贝克先生,他字签了没有?"

"没有,太太。他不知跑哪儿去了。老马居然发起性子来了。"

她说:"那么就得送他上沙朗通,既然我们把他抓在手里。"

上校忽然像年轻人一样地矫捷,纵过土沟,一霎眼站在总管面前,狠狠地打了他两个嘴巴,那是德贝克一生挨到的最精彩的巴掌。同时

原文

夏倍又补上一句：

"要知道老马还会踢人呢！"

胸中的怒气发泄过了，上校觉得再没气力跳过土沟。赤裸裸的事实已经摆在眼前：伯爵夫人的话和德贝克的回答，暴露了他们的阴谋。所有的体贴，照顾，原来都是钓他上钩的饵。沙朗通这个字好比一种烈性的毒药，使老军人精神与肉体的痛苦一刹那间都恢复了。他从园子的大门里走向小亭子，步履蹒跚，像一个快倒下来的人。可见他是永远不得安静的了！从此就得跟这女人开始一场丑恶的斗争；正如但维尔所说的，成年累月地打着官司，在悲痛中煎熬，每天早上都得喝一杯苦水。而可怕的是：最初几审的讼费哪儿去张罗呢？他对人生厌恶透了：当时旁边要有水的话，他一定跳下去的了，有手枪的话一定把自己打死的了。然后他变得游移不定，毫无主意；这种心情，从但维尔在鲜货商家里和他谈过话以后，就已经动摇了他的信念。到了亭子前面，他走上高头的小阁，发见妻子坐在一张椅子里。阁上装着玫瑰花形的玻璃窗，山谷中幽美的景物可以一览无余：伯爵夫人在那里很镇静地眺望风景，莫测高深的表情正像那般不顾一切的女人一样。她仿佛才掉过眼泪，抹了抹眼睛，心不在焉地拈弄着腰里一根很长的粉红丝带。可是尽管面上装得泰然自若，一看见肃然可敬的恩人站在面前，伸着手臂，惨白的脸那么严正，她也不由得打了个寒噤。

他向她瞪着眼睛，看得她脸都红了，然后说："太太，我不来咒你，只是瞧不起你。谢天谢地，幸亏命运把咱们分开了。我连报复的念头都没有，我不爱你了。我什么都不问你要。凭我这句话，你安心活下去罢；哼，我的话才比巴黎所有公证人的字纸都更可靠呢。我不再要求那个也许被我显扬过的名字。我只是一个叫作亚森特的穷光蛋，只求在太阳底下有个地方活着就行了。再见罢……"

原文

伯爵夫人扑在上校脚下,抓着他的手想挽留他;但他不胜厌恶地把她推开了,说道:

"别碰我。"

伯爵夫人听见丈夫的脚步声走远去,做了一个没法形容的手势。然后凭着阴险卑鄙的或是自私狠毒的人的聪明,她觉得这个光明磊落的军人的诺言与轻视,的确可以保证她太平无事地过一辈子。

夏倍果然销声匿迹了。鲜货商破了产,当了马夫。或许上校有个时期也干过相仿的行业,或许像一颗石子掉在窟窿里,骨碌碌地往下直滚,埋没在巴黎那个衣衫褴褛的人海中去了。

(傅 雷 译)

注释

① 拉丁文:免费。

② 法国是烟草专卖的国家,故抽烟人的烟斗也为专卖局所重视,少一烟斗即少一抽烟的人,专卖局即少一份收入。

③ 六十万遗产,妻子分去半数,只剩三十万,三十万的四分之一为七万五。

④ 巴黎旺多姆广场上的华表,是记载大革命及帝政时代武功的碑,顶上置有拿破仑铜像。

赏析

巴尔扎克年轻时学过法律,并先后在诉讼代理人和公证人事务所当过文书。通过各种案件,他看到了社会上尔虞我诈的争斗及人性中自私卑劣的内幕。他以"书记"的忠实态度,记录了一幕幕这样的图景。《夏倍上校》就是一部以诉讼代理人事务所的案件为基础的"人间喜剧"。

赏析

《夏倍上校》中的主人公是一个曾立下卓越战功,被认为已经阵亡的帝国上校,从死人堆里爬出来以后竟得不到社会的承认,一旦说出真实姓名就被当成疯子,甚至被关进疯人院。他的妻子罗西纳靠他留下的财产,享受着豪华奢侈的生活,改嫁了一个有权势的丈夫,生了两个孩子。为了保住现有的地位,罗西纳十年来对流浪在社会底层的夏倍不理不睬。当她的前夫决意要和她打官司的时候,她设下圈套,耍尽手腕,迫使夏倍继续充当"死者",放弃返回社会的打算。最后,对人生彻底绝望的夏倍放弃了一切要求,终老在救济院。故事中男女主人公的较量,可以说是人品的高尚与卑鄙的较量。可悲的是,高尚的人品最终失败了。

夏倍上校是心性善良的。他虽然是驰骋沙场的军人,但他说:"我从来没害过人,没做过使人难堪的事,不会睡不着觉的。"他的妻子害得他只能住在巴黎市郊破烂不堪的贫民窟里:"房子虽是新盖的,已经有随时可以倒坍的样子","谈不到享受,只等于一个营帐"。好心的诉讼代理人但维尔预支给他一笔钱,他本可以搬到城里住得舒服些,但上校说:"这里的房东给我 gratis(免费)吃住了一年,难道我现在有了些钱就离开吗?"他向但维尔解释,房东是同自己一道出征过埃及的兵,"在沙漠中和我一块儿喝过水","我教他的几个娃娃认字还没教完呢"。他从邻居那儿知道了房东无力偿还外债,就慷慨地拿出但维尔给他的钱"一古脑儿把约期票付清了"。

夏倍上校是天真的。当他刚落难的时候,先是对妻子抱有希望,当明白妻子的冷酷无情之后,他"一心一意只想报复了"。他求助于法律,碰壁了上百次也毫无结果,幸亏遇到了但维尔这个正直的诉讼代理人,他"脸上有些心情愉快的影子和由希望反映出来的一道淡淡的光"了。他不了解司法界的黑暗内情,认为自己的案子简单得很:"人家认为我死了,我可是活着!应当还我妻子,还我财产;政府也得给我将官的军阶。"当但维尔告诉他"在司法界里,事情就不这么简单啦……对于那些为了本身利益而只想把你否认的人,是要用法律手续来证明的",并且替他算出为了收回被妻子侵吞到不

赏析

足三十万法郎的财产,他必须先要拿出一万二到一万五法郎的预审费用。他这才意识到"社会与司法界像一个恶梦似地压着他的胸部"。聪明的但维尔建议他以谈判的方式索回部分财产,并煞费苦心地将他和妻子隔离开来。当他听到妻子没心没肺的话语,忍不住气愤打开房门站在他女人面前,面目全非的他给了罗西纳逃跑的借口,谈判没有成功。但维尔叹道:"现在我相信你真是夏倍伯爵了……可是你的官司输定了……让我来补救罢,大孩子!"缺乏心机的天真使夏倍上校在勾心斗角的金钱社会如待宰的羔羊一般可怜。

夏倍上校又是光明磊落的。正因为这一品性,他不能揣测出人心的阴险恶毒。妻子罗西纳把他骗到乡下别墅,花言巧语地向他解释自己不能与他相认的苦衷,善良的他很轻易地就相信了罗西纳的话,原谅了她,并且主动提出:"死人不应该复活,是不是?""为了你的幸福,我已经决定牺牲自己。""我早说过了,我应该重新钻下地去。"可是罗西纳让他签的声明是要他承认自己是个骗子,他难以接受;罗西纳的总管出的主意"换了我,至少要伯爵夫人拿出三万法郎年金",他又感觉"像正人君子受了污辱一般",犹豫彷徨间他偶然听到了罗西纳和总管的问答,知道了他们的阴谋,"他对人生厌恶透了"。在看清了现实的压迫和人性的丑恶之后,他对罗西纳说:"太太,我不来咒你,只是瞧不起你……我连报复的念头都没有,我不爱你了。我什么都不问你要。凭我这句话,你安心活下去罢。"从此后,光明磊落的老军人就"埋没在巴黎那个衣衫褴褛的人海中去了"。

与夏倍上校相比,他的妻子罗西纳是那么的自私狠毒、阴险卑鄙。"她早知道夏倍活着而置之不理",她希望的是"或许是痛苦、疾病,替她把这个人解决了;或许他发了疯,由沙朗通(疯人院)收管去了"。在选文的后半部分,精明的但维尔拿准了罗西纳不愿解除第二次婚约的要害,提出要她和夏倍上校和解,每年拿出二万四千法郎年金交予前夫,但靠夏倍上校近百万遗产过着豪华生活的罗西纳却说:"那太贵了!"看到气愤地站在自己面前的夏倍上校,罗西纳私下想:"真的是他!"但面上装作惊讶的神气,嚷道:"这一位又不是夏倍上校喽!"找了借口,起身溜掉了。随后,她把前夫骗往乡下别墅,以温柔的举动和口吻消释上校的怒意,以前夫对自己的爱赢得夏倍的谅解。以后的几天里,她以一个高明的戏子的表演和一个冷酷的屠夫的心地对待夏倍上校,"她要使他关切她的处境,惹动他的柔情,以便控制他的思想而称心如意地支配他"。虽然还没想出处置这男人的办法,"但要他在社会上不能立足是毫无问题的"。她利用夏倍上校心灵的高尚和为人的慷慨豪爽,演出一幕母子其乐融融但为了夏倍上校决定牺牲自己的活剧,感动得老军人"决意回到坟墓中去了"。最后,当夏倍上校明白了她的恶毒用心,迫于现实的无奈决定放弃一切要求,她"凭着阴险卑鄙的或是自私狠毒的人的聪明,觉得这个光明磊落的军人的诺言与轻视,的确可以保证她太平无事地过一辈子的",于是,她心安理得且奢侈豪华地活着。

小说中夏倍上校和妻子罗西纳的较量,最终以老军人的失败而告终。这一结局揭示了人类社会中一个冷酷的现实:纯真高尚的人品常常被阴险卑鄙者利用。设若夏倍上校不是这么单纯,他一定能识破罗西纳的花招;不是这么高贵,而是采用死缠烂打的方式加上但维尔精明干练的帮助,他至少能获得一些物质上的补偿,不至于沦落到社会底层。但高尚的心灵面对丑恶的现实,往往会犯悲观厌世的毛病。他对一切都绝望了,厌倦了,他放弃了一切要求,成全了罗西纳卑鄙的心愿。这一结局还令人想起一句诗人的愤激之语:"高尚是高尚者的墓志铭,卑鄙是卑鄙者的通行证。"巴尔扎克不是诗人,但他以小说家的生动描写,形象地反映了诗句的蕴意。

巴尔扎克的笔,穿透的不只是金钱社会的罪恶,还包括人性的丑陋。读《夏倍上校》,能让我们同时认识到这两点。

(荆煜君)

| 原文 |

钱　袋

| 作品提要 |

　　画家希波利特·施奈尔在绘画时从梯子上跌落,被邻居德·鲁维尔夫人和其女儿阿黛拉伊德救助。希波利特经常去德·鲁维尔夫人家中拜访,与阿黛拉伊德逐渐产生感情,并重新绘制了阿黛拉伊德过世父亲的画像。德·鲁维尔母女生活贫困,海军军官德·凯嘉鲁埃伯爵通过打牌故意输掉的方式暗中接济她们。一日,希波利特在德·鲁维尔夫人家发现自己钱袋不翼而飞,又受到了流言蜚语影响,对德·鲁维尔夫人母女产生了误会。后来真相揭晓,阿黛拉伊德将自己精心制作的新钱袋赠给希波利特。希波利特与阿黛拉伊德的感情也更加深厚,成为一家人。

| 作品选录 |

　　白昼已经过去、夜幕尚未降临的时刻,对于性格开朗的人,是最为愉快的时分。那时,傍晚的微光在一切物件上投下柔和的色彩或奇妙的反光,很容易使人陷入沉思,这沉思又朦朦胧胧地同那光与影的角逐结合起来。这种时刻多半笼罩着一片寂静,对于凝神沉思的画家们尤为可贵,他们因无法继续工作,便放下画笔,倒退几步,品评自己的作品;作品的主题使他们陶醉,主题所包含的内在意义在天才的心灵中闪烁。有谁如果在这种充满诗意的梦幻时分未曾坐在友人身边沉思冥想过,就很难领会这种时分无法形容的好处。借助于半明半暗的光线,艺术上用来使人产生错觉的一切物质手段都消失了。如果画的是一幅油画,画里的人物便仿佛说起话来,走起路来:阴影真的成了阴影,白昼真

原文

的成了白昼,肉体有了生气,眼睛活动起来,血液在脉管里奔流,布帛闪耀发光。加上想象力的帮助,使每一细部都显得十分自然,让人只看到作品的完美。这种时候是幻觉统治一切的时候,也许幻觉正是和黑夜一齐升起的吧?对于思想来说,幻觉不就是我们用梦境来装点的一种黑夜么?这种时候幻觉展开双翼,把心灵带到幻象的世界里。那是充满情欲的世界,是画家忘记了现实世界,忘记了昨天、明天、将来、一切,乃至令人愉快或令人难过的琐事的世界。就是在这种富有魔力的时分,一个专心致力于艺术的富有天才的年轻画家,爬上一架双面的梯子,品评自己一幅将近完成的作品。这是一幅又高又大的画,画家是站在梯子上绘制的。在梯子上面,他真心诚意地欣赏和批评自己的作品,沉思着,深深地陷入那种使心灵迷惑、飞升,而且得到爱抚和慰藉的幽思默想里。他的幻想大概继续了很久。黑夜已经降临。也许是他下梯时不小心,也许是他自以为站在地板上而把脚踏了一个空,他自己也记不清楚是什么原因了,总之发生了一次意外:他跌了下来,脑袋撞在一张板凳上,失去了知觉。他不知道自己在这种昏迷状态中过了多久,只听见一个温柔的声音把他从麻木状态中唤醒。他张开了眼睛,一道强烈的光使他赶紧又把眼睛闭上;他迷迷糊糊地似乎听见两个妇女的低语声,他觉得他的头被捧在一双年轻而羞怯的手中。过了不久,他恢复了知觉,从一盏老式的所谓"两面透风灯"的灯光中,他瞧见一个从未见过的、极端惹人喜爱的年轻姑娘的脑袋。这种脑袋通常认为只能在绘画里看到,如今却突然显现在他的眼前,把艺术家创造的理想美的理论化为现实,而艺术家的才能正是来源于这理想美。这位陌生姑娘的脸庞,可以说是属于普吕东①画派的那种纤细而娇柔的类型,同时带有吉罗德赋予其笔下人物脸上的那种诗意。两颊的鲜妍,眉毛的匀称,线条的明晰,面部轮廓上处处显现出来的处女的纯洁,使这位年轻姑娘成为

原文

最完美的典型。她的体态纤弱,窈窕柔软。服饰简朴洁净,使人猜不出她到底是富有还是穷困。画家恢复知觉以后,曾经用惊奇的眼光表示自己的赞美,然后结结巴巴地用含糊的语句道了谢。他觉得前额箍着一条手帕,而且除了画室特有的气味之外,还散发着强烈的乙醚②气味,显然这是拿来使他苏醒的东西。最后他才看见一个样子像旧政体时代③的侯爵夫人似的老妇,手里拿着灯,正在指点那年轻姑娘。

"先生,"画家还处在跌交后的昏迷状态中的时候,曾经问了几句话,年轻姑娘现在告诉他,"我妈和我听见您跌落在地板上的声音,我们好像听见一声呻吟,随后就什么声音也没有了。我们害怕发生意外,便赶紧跑上楼来。幸喜您的门上插着钥匙,我们就开门进来,看见您直挺挺地躺在地板上,一动也不动。我妈跑去找了一切必需的东西给您制成一块敷料纱布,使您苏醒过来。您跌伤了前额,在这儿,您觉得吗?"

"我现在觉得了。"他说。

"噢,这不碍事的,"老妇人说,"您的头恰巧撞在这具人体模型上。"

"我觉得好多了,"画家回答,"我只要雇一部车子回家就行了。门房的女人会给我找到一部车子的。"

他想再次向两个陌生女人道谢,可是他每说一句,那位年老的太太总用下面的话打断他:

"先生,明天记着弄些水蛭来吸血,或者想法子放放血,④喝几杯药酒,当心自己的身体:跌伤是很危险的。"

年轻姑娘暗地里望望画家,望望画室里的绘画。她的举止和眼色都非常得体,一点没有失礼的地方;她的好奇与漫不经心十分相似,她的眼睛里充满那种妇女常常表露的、对于他人一切不幸的关怀。两个陌生妇女好像专心照顾跌伤的画家,似乎忘记了画家的作品。等到画家告诉她们他已经完全复原之后,她们就告辞了。临走的时候,她们还

原文

很细心地检查他的伤处,这种关怀丝毫没有装腔作势或者过于亲热的地方,她们并没有向他提出任何不应问的问题,也没有设法激起他去和她们结识的愿望。她们的行为完全出自天性和高尚的情操。一开始画家对她们高贵而质朴的举止并没有太多感受,后来他忆起事件发生的前前后后,才感到十分惊异。她们从画家的画室走到底下一层楼的时候,年老的女人低声喊道:

"阿黛拉伊德,你刚才忘记把门关上了。"

"那是为了救我的缘故。"画家插嘴说,脸上露出感激的微笑。

"妈,您刚才也下来过呀。"年轻姑娘回了一句,脸红起来。

"我们把您送到楼下,好吗?"少女的母亲对画家说,"楼梯很暗哩。"

"谢谢您,不必了,太太,我觉得好多了。"

"扶好栏杆!"

两个女人站在楼梯口,举灯为画家照明,听着他的脚步声往下走去。

为了使读者诸君理解刚才这一幕对青年画家说来为什么印象极为强烈,而且完全出乎意料,我们必须补上一句,那就是他将他的画室搬到这所房子的顶楼来,还只不过几天光景。这所房子坐落在苏雷讷街最阴暗同时也是最泥泞的部分,几乎就在玛德莱娜教堂前面,离开他在爱丽舍田园大道的寓所只有几步远。他的天才已享有盛名,使他成为法国著名的美术家之一,因此他已经开始不愁衣食,而且照他自己的说法,他正在享受最后的贫困。他不再跑到靠近城门的那种画室里作画,那些画室的租金很便宜,和他以前的微薄收入很相当,他现在能够在这里租到一间画室,满足了他朝思暮想的一个愿望:避免走远路,尽量节省时间,因为现在对他来说时间已经变得比任何东西都更加宝贵。如果希波利特·施奈尔肯让别人了解他的身世,大概世界上没有什么人

原文

会像他那样激起别人强烈的兴趣。可是他并不轻易将自己生活的秘密告诉别人。他那穷苦的母亲对他异常宠爱,含辛茹苦将他抚养成人。他的母亲施奈尔小姐本来是阿尔萨斯地区一个农民的女儿,从来没有结过婚。她那多情的心曾经被一个以爱情为儿戏的有钱男子残酷地伤害过。当时她还是一个年轻貌美的少女,正处在一生中最光辉灿烂的阶段,她以自己的爱情和全部美丽的梦想为代价,尝到了那样缓慢而又那样迅速地向我们袭来的幻想破灭的滋味。说它缓慢而又迅速,是因为我们不到最后关头总不肯相信坏消息的真实性,似乎总觉得它来得太快。那一天是千思万想的一天,也是产生虔诚的宗教思想和自我牺牲精神的一天。她拒绝了欺骗她的那个人的布施,弃绝尘世,傲然地对待自己的失足。她放弃社会上的一切享乐,全心全意地抚育儿子,从儿子的身上寻回人生的全部乐趣。她以劳动养活自己,在儿子身上积累起财富。这样,在贫困中忍受了长时期的痛苦以后,她终于有一天获得了报偿。她的儿子在上一届画展中获得了荣誉勋位团十字勋章。报章一致认为他是个新发现的天才,至今还真诚地赞扬他。美术界人士也承认施奈尔是一位大师,商人们争着用高价购买他的作品。希波利特·施奈尔只有二十五岁,他从母亲那里获得了一个女性的心灵,他比任何时候都更清楚自己在社会上的地位。他的母亲曾经在很长的时期中一点生活享受也没有,他想把一切生活享受都还给她,他是为了她而生存,希望仗着荣誉和财富的力量,有朝一日,能够使她幸福、富有、受人尊重,而且周旋于名人之间。因此施奈尔只在可敬和著名的人物中结交朋友。他把交友的条件提得很高,他想依靠自己的天才,将自己已经很高的地位提得更高。工作迫使他经常独处,而独处正是产生一切伟大思想的泉源,自幼辛勤工作的习惯,使他仍然保留着装点他的童年的最美丽的信仰。他的青春的心灵并不缺乏纯洁的品德,这些品德使年轻人成为特殊的人物,他们的心里充满至高无上的幸福,充满诗意和纯洁的希望,老于世故的人可能认为这些希望很幼稚,可是只有质朴的希望才真正深刻。他具备着天赋的温和而彬彬有礼的风度,非常能够打动人心,甚至能够感动那些并不理解这种风度的人。他长得俊美。他的发自内心的声音,能够引动他人内心高尚的情感,而且由于音调相当天真,表明他真正质朴而谦逊。他有一种精神上的吸引力,凡是遇见他的人都喜欢和他接近。幸而科学家们还未能分析出这种精神吸引力的原因;否则他们可能认为在这里找到了加尔瓦尼学说的现象,认为那是一种特殊液体的作用,而且把我们的感情列成公式,说是由多少氧气成分和多少电流成分所构成的。⑤这些细节可能帮助那些大胆冒失的人和上流社会的人们了解,为什么希波利特·施奈尔在支使门房到玛德莱娜路的那一头去雇车子的时候,他并没有向门房的女人提出有关那两个好心肠女人的任何问题。在这种场合,门房的女人自然要向他详细询问跌伤的经过,打听住在五层楼的两个房客怎样救护他。虽然他只是简单地用"是"和"不是"来回答,可是他并没有能够阻止她服从一般看门人的本能:她站在个人利害立场,根据看门人的私下判断,向他大谈特谈那两个陌生女人。

"呀!"她说,"这大概是勒赛尼厄小姐和她妈,她们住在这里已经四年了。我们到现在还不知道她们是做什么的;一清早就有一个年老而且半聋的女佣人来服侍她们,到正午就走了,她讲话的次数并不比一堵墙来得多⑥。晚上时常来的人有两三位老先生,他们都像您一样挂着勋章,先生。有一位先生有自备马车,有跟班跟着,据说他有六万利勿尔的年息。这些老先生在她们家里坐到夜深才走。不过,她们都是很安静的房客,就跟您先生一样;而且她们真节省,一个子儿也不乱花,凡是收到付账的单据,她们总立刻付清。真古怪,先生,她们母女两人竟是

原文

不同姓的。呀！有时她们到杜伊勒里王家花园去的时候，这位小姐可真光彩，每次出去总有许多后生随着她回来，这位小姐总是让他们吃闭门羹，她做得对。房东受不了……"雇来的车子到了，希波利特不再听下去，乘上车子回到家里。他将事情经过告诉母亲，他母亲重新替他包扎好伤口，而且不准他第二天到画室工作。结果希波利特在家休息了三天，延请医生诊治，服过几剂药。在这几天的蛰居中，他闲着没事，想象力帮助他清清楚楚地回忆起他昏厥以后那个场面的种种经过。年轻姑娘的侧影，只要他闭上眼睛，便在黑暗中很鲜明地在他的视觉中显现。他似乎又看见那位母亲衰老而憔悴的面容，似乎还感觉到阿黛拉伊德的双手，他觉得她有一种手势，当初虽然没有十分引起他注意，回忆起来却感到分外优美卓绝；随后，她的某一种姿势，或者被遥远的回忆所美化了的悦耳的声音，都突然间重新出现，宛如沉在水底的物件重新漂浮到水面上来。因此，在他能够恢复工作的那一天，他一大早就回画室去；他这么着忙的真正原因，是去访问两位邻居，毫无疑问，他已经获得了这项权利；至于那些他已经着手绘制的作品，他早就忘记了。当爱情撕破了裹着它的襁褓以后，便会遇到无法解释的欢乐，这是曾经恋爱过的人们都能理解的。因此为什么画家在走上通到第五层楼的楼梯的时候，要慢慢地一步一步地走，有的人是一定懂得的，而且也能够猜到，为什么画家在望见勒赛尼厄小姐那简朴的套间的棕色房门的时候，心跳得那么厉害。这位和她的母亲不同姓的小姐在青年画家心中引起无限的同情，他希望看到她与他的地位有某些相似之处，而且认为她一定也有他自己那样的不幸身世。他在画室里一面工作，一面陶醉在爱情的幻想中，而且故意弄出各种响声，目的是使住在下面的她们想起他，正如他在想念她们一样。他在画室里逗留到很晚，就在那里吃了晚餐；晚上七点钟左右，他走下楼来，去拉两位女邻居的门铃。

原文

也许由于廉耻之心的缘故，从来没有一位风俗画家，敢于把某些巴黎生活的奇妙内景揭发出来，或者把那些住宅的内部秘密描绘出来，我们只是经常看到从这些住宅中走出一些穿戴漂亮时髦的人物，走出一些外表非常富有的光彩夺目的妇女，但同时在这些妇女身上也处处看得见贫困的可疑迹象。因此如果我们在这里把一个家庭的景象描写得过分坦白，或者你认为描写得过分冗长，请你不要谴责这种精雕细刻的描写，可以说这是故事本身的组成部分；因为这两位女邻居的住所的内部景象，对希波利特·施奈尔的感情和希望有很大的影响。

这所房屋的业主属于那些把巴黎房产主的身份视为一种职业，而且生来对房屋的修理和装饰深恶痛绝的人。如果把人类按照道德来排列，这些人的地位正好排在守财奴和高利贷者之间。由于精于计算，他们非常乐天，而且全都是奥地利维持现状派⑦的忠实拥护者。如果你说起要把壁橱或者一扇门改装一下，或者开一个必要的通风口，他们就会眼露凶光，大动肝火，像受惊的马一样暴跳起来。如果他们的烟囱顶上的盖头被风刮倒，他们马上就会生病；因为支付了修理费，他们就不到竞技剧场和圣马丁门剧院⑧去看戏。希波利特为着画室内部的某些装修问题，曾经免费观看业主莫利讷先生演出的一幕滑稽剧。因此当他看见壁板上一层浓黑的颜色、一块块的油污、各种斑点及其他令人不快的附属物的时候，他一点也不觉得惊奇。以一个艺术家的眼光看来，这些贫苦的烙印倒也并不缺乏诗意。

勒赛尼厄小姐亲自出来开门。认出是青年画家之后，她向他行了一个礼；随即受自尊心的驱使，很迅速地转过身来，用巴黎女人的那种机智，把一道装有玻璃隔板的门掩上。否则希波利特就可以通过这扇门，约略看见经济火炉上方有些衣服晾在绳子上，有一张老旧的帆布床，有焦炭、木炭、熨斗、沙滤水瓶、刀叉碗碟，以及其他各种小家小户的

原文

用具。这化验室似的房间通常被称为杂物间,有些相当干净的细纱帷幕很周密地把它遮盖住,里面光线不很明亮,只从几个开向邻院的小气窗透进光线来。希波利特运用他艺术家的眼光,只经过迅速的一瞥,就看清楚了这隔成两小间的第一间屋的用途、里面的家具和整个大间的大体情况。比较像样的那一小间既作接待室,又作吃饭间,壁上糊着一层陈旧的金黄色花纸,纸的边沿都起了细毛,大概是雷韦永商店的出品,纸上的小洞和斑点都用面包糊仔细地填补过。墙上对称地挂着一些版画,框子的金色已经褪尽,画的内容是勒布伦画的全套《亚历山大战史》①。房间的中心,有一张整桃花心木的桌子,式样很古老,边沿已经磨损。一个取暖的小火炉装在壁炉的前面,炉筒直上直下,没有拐脖,几乎难以发觉;壁炉口放着一个橱。和以上这些东西构成奇特对照的,是一些还带着过去富贵痕迹的雕花桃花心木椅子;可是红羊皮坐垫上镀金钉子和金丝线的伤痕已经和王家卫队里年老军曹身上的伤痕一样多。这房间是一所博物馆,陈列着这种把一个房间作两样用途的家庭所特有的用具,有许多东西是叫不出名字的,其性质是豪华和贫困的混合。在其他许多珍奇的物品中,希波利特还看见一只装饰精美的望远镜,悬挂在装饰壁炉的发绿的小镜子上面。为着陪衬这件特殊的家具,在壁炉和板壁之间放着一只蹩脚的碗柜,漆成桃花心木的颜色,这是所有的木器中仿制得最不成功的家具。光滑的红色瓷砖,铺在椅子前面的小块地毯,还有家具,全都揩拭和打扫得很干净,使这些陈旧物品发出一种虚假的光泽,结果更显出这些东西的破损、陈旧,说明已经用过很长时间。虽然窗户半开着,街上的风吹拂着花布窗帘,房间里仍弥漫着一种说不出的气味,这是杂物间、吃饭间和楼梯三处地方所发出来的气味的混合。窗帘张挂得很仔细,想掩盖掉过去的房客为表示自己在这里住过,在窗口上镶嵌的各种类乎壁画的东西。阿黛拉伊德迅速地把另外一间屋的房门拉开，颇有些欣喜地把画家领到这房间里来。希波利特以前在他母亲那里看见过这种穷困的景象，童年的回忆使他在这里所获得的印象更加深刻，他比任何人都更了解这种生活的每一细节。这位心地善良的年轻人在这儿看到了他童年生活里的东西，因此他没有轻视这种掩饰着的贫困，也不因他刚刚为母亲所挣得的富裕生活而骄傲。

"怎么样？先生！您的伤好了吧？没事了吧？"年老的母亲从放在壁炉角的一张旧沙发上站起来说，指着一张椅子请他坐下。

"没事了，太太。我来向您道谢，谢谢您对我的精心照料。特别要谢谢这位小姐，是她听见我摔下来的。"

在说这句话的时候，希波利特朝年轻姑娘望着。他说的是一句笨拙得很可爱的话，心里被真正的爱情首次侵扰的时候，就会说出这种话来。阿黛拉伊德正在点燃那盏两面透风灯，好把蜡烛拿走。蜡烛装在一只扁平的小铜烛台上，在烛台表面，古里古怪地浇铸了一些突凸的长条花纹。她微微行了一个礼，把烛台拿到外面接待间，回来把灯放在壁炉上，靠近她母亲坐下来，坐的位置比画家稍微靠后一点，好随心所欲地端详他，脸上却装出注意那盏刚点燃的灯的样子。颜色灰暗的灯罩带着湿气，灯火受了湿气的影响，和没有剪齐的黑色灯芯展开搏斗，发出细微的爆裂声。希波利特瞧见壁炉上方有一面大镜子，便赶紧从镜子里偷看阿黛拉伊德。年轻姑娘所玩弄的小聪明，结果反而使他们两人都很窘。希波利特一面和勒赛尼厄太太——这是他随意替她取的姓氏——谈话，一面不露痕迹地偷偷察看这间客厅。那只取暖的火炉里已经堆积了不少炉灰，让人没法看清壁炉薪架上的埃及人像，炉膛里的木柴已经快要燃尽；炉底的火砖像守财奴埋藏宝物似地埋藏在下面。一块经过精心修补的陈旧的奥比松出产的名贵地毯铺在瓷砖上，褪色

原文

得厉害,破旧得像残废军人的衣服,根本盖不满瓷砖,也挡不住从脚底下升上来的寒气。墙上糊着发红的花纸,充作有黄色花纹的丝质布帛。在正对窗户的那面墙中间,画家看见糊壁纸当中有一道缝和一些裂纹,那显然是床橱的门,勒赛尼厄太太大概就睡在那里。一张长沙发摆在门前作掩护,可是遮盖不住这秘密。壁炉对面有一只桃花心木的五斗橱,式样和装潢都说明是名贵的、值钱的货色。五斗橱上方悬挂着一个高级军官的画像,在微弱的灯光下,画家看不清画中人的官阶,然而就他所看见的来说,这是一幅画得非常糟的画像,他简直以为是在中国画的。窗户上挂着的红丝窗帘,与这一室两用的客厅里家具上蒙着的黄色和红色刺绣品一样褪尽了颜色。五斗橱的大理石台面上有一只名贵的孔雀石制成的茶盘,上置一打咖啡杯,杯上的图画色彩鲜艳,显然是塞夫勒出产的名贵瓷器。壁炉上面立着一只拿破仑朝代的古老座钟,钟面上是一个武士驾驭着一辆四匹马拖的战车,战车车轮的每一根辐条上,都有一个标明钟点的数字。烛台上的蜡烛已经被烟熏黄,壁炉架子的两角各放着一只瓷花瓶,瓶里插着沾满灰尘和已经发霉的纸花。在房间的正中,希波利特看见已经支上了一张牌桌,桌上放着崭新的纸牌。对于一个擅长观察的人来说,这种把贫困掩饰起来的景象,犹如一个涂脂抹粉的老妇人一般,总会有一种令人不快之处。一个有头脑的人看到这种情况会暗中设想:这两个女人要么道德非常高尚,要么是靠骗人和赌博为生的人。可是看见了阿黛拉伊德,一个像施奈尔那么纯洁的青年男子是只会从绝对清白那方面设想的,而且对于这张和其他物件并不协调的桌子,也会用种种高贵的理由来加以解释。

"孩子,"老妇人对年轻姑娘说,"我觉得冷,给我们升点火吧,把我的披肩拿来!"

阿黛拉伊德向连着客厅的房间走去,显然那房间就是她的卧室,回来的时候,她把一条开司米披肩递给她的母亲。这条披肩上面有印度图案,如果是新的,价钱一定很贵,可惜已经很旧,一点没光彩,又到处补缀过,和室内的家具倒很协调。勒赛尼厄太太很熟练地把披肩裹在身上,举动相当迅速,表明她的确感觉寒冷。年轻姑娘轻盈地跑到杂物间去,带回一小把木柴,利落地把木柴抛到火中,使火重新旺起来。

要把他们三个人之间的谈话完全表达出来是相当困难的事。希波利特自己在童年时代经历过贫困的生活,因此特别敏感,看见周围都是掩藏不住的贫困的迹象,他根本就不敢向他的邻居提到一句关于家庭状况的话。关于这方面的话,即使提出一个最简单的问题,也可能很不合适,只有交情很深时才能这样做。可是画家对于这种尽力掩饰的贫困非常关心,他的善良的心灵为之感觉痛苦;同时他也知道,一切怜悯,即使是最友善的怜悯,都会伤害他人的自尊心,因此他心里想的事嘴里不敢说出来,感到很不自在。两个女人一开头就谈到绘画,因为女人们都猜得出,初次访问总是使人暗中发窘的;也许她们自己也感到局促,然而她们的智慧向她们提供了各种办法来结束那难堪的场面。阿黛拉伊德和她母亲向年轻人提出关于绘画的整个过程和他学画的经过等等问题,使他谈话大胆起来。她们的言谈里充满友好和亲切的意味,所以无论谈到什么小事,都能很自然地引导希波利特讲出表现他的道德和品性的意见。老太太年轻的时候一定很美,可是忧愁已经过早地使她面容憔悴;她现在只剩下清癯的面容和轮廓,一言以蔽之,是如骷髅一般的面庞,但是这张脸庞显示出高度的机敏,眼波顾盼的表情带有先朝宫廷妇女所特有的无法形容的风韵。这种精明机智,可以认为是德性很坏的标志,是工于心计和狡猾到极点的女人的标志,可是同时,也可以认为是品德高尚的人的聪敏灵巧的表现。一个平庸的人,的确不容易在妇人脸上分辨出是直率还是狡猾,是阴险还是善良,只有具备入木

原文

三分的观察力的人,才能估量出脸上各种不易捉摸的变化的意义,例如某一线条弯曲程度如何,酒涡深浅如何,脸颊鼓出或者隆起程度如何,等等。这种判断完全属于直觉范围,只有直觉能够使人发现每个人企图隐藏起来的东西。这位老太太的面容也像她所居住的房间一样:要想知道房间的贫困是掩盖着道德还是不道德,或辨别出阿黛拉伊德的母亲过去到底是个工于心计、唯利是图和出卖肉体的交际花,还是个品德高尚的多情女子,似乎都很困难。像施奈尔这种年龄的青年,自然首先是从好的方面着想。所以,他凝视着阿黛拉伊德高贵而带点傲慢的前额,欣赏她充满着感情和智慧的眼睛时,他觉得好像从她身上嗅到了道德的朴素而醉人的芬芳。在谈话中,他抓住谈到一般肖像画的机会,取得了仔细看看那幅用彩笔画得非常糟糕的人像的权利。那幅画的颜色已经泛白,大部分的粉彩已经剥落。

"女士们,你们保留着这幅画是不是因为画得很像啊?从艺术眼光看来,这幅画是画得很糟的。"他一面说,一面定睛望着阿黛拉伊德。

"那是在加尔各答画的,当时画得很仓促。"母亲用激动的声音回答。

她凝神望着那幅拙劣的画像。专注的神情表明她正沉醉在幸福的回忆中,当这些回忆被唤醒,犹如美好的晨露落在心头,人们往往会为那些记忆犹新的感受而陶醉。然而从她的面部表情上也可以看出永久的创伤的痕迹。至少,这是画家所获得的印象,他现在已经走过来坐在她的旁边。

"太太,"他说,"再过些日子,这幅彩粉画的颜色就会全部褪落。到那时候,这幅肖像画便只能留存在您的记忆中。在您能够看出您亲爱的人的容貌的地方,别人就什么也看不出来了。您肯准许我把这幅人像复制在画布上吗?在画布上比在这张纸上能够保存得长久些。看在

原文

邻居的情分上,请准许我帮您这个忙吧!有时候一个画家喜欢从大幅作品中走出来,画一些规模比较小的画,因此,把这个人像再画一次,对我也可以说是一种消遣。"

老妇人听见这些话,竟激动得战栗起来,阿黛拉伊德向他投射了一道像从心里发射出来的深沉的眼光。希波利特想借些缘由把自己和两个女邻居联系起来,取得打进她们的生活圈子的权利。他的建议一直触动到她们内心最亲切的感情,而且这是他所能够提出的唯一的建议:它既满足了他的艺术家的自尊心,又毫不伤害这两个女子。勒赛尼厄太太接受了,既不太快,也不勉强,而是像那些有伟大心灵的人一样,很清楚这种好意对他们的友情所产生的影响,而且认为这是一种体面的恭维和尊敬的表示。

…… ……

画家带着一肚子的反感,离开了他的朋友们。他觉得阿黛拉伊德和她的母亲不会是他们所诽谤的那种人,他的内心深处,颇后悔怀疑了这个既美貌又天真的少女的纯洁品德。他到画室去,经过阿黛拉伊德寓所前面的时候,内心感受到那种任何人都无法自己欺骗自己的痛苦。他那样热烈地爱着德·鲁维尔小姐,即使她偷了他的钱袋,他依然爱着她。他的爱情仿佛从前德·格里厄骑士⑩对他情妇的爱情,直到他的情妇和其他堕落女人一起,坐着警局的车子被送进监狱的时候,他依然崇拜她,而且相信她的纯洁。"为什么我的爱情不能够感化她,把她改变成为一个最纯洁的女人?为什么任她去做坏事,堕落,而不向她伸出友谊的手?"他很愿意担负起这一使命。爱情是会利用一切的。担当起改造一个女子的使命,对于青年男子是最富有魅力的一件事。这种行为有某种浪漫的意味,非常适合那些被爱情激动着的心灵。难道这不是

一

原文

一种最伟大、最崇高和最美丽的自我牺牲吗?一般人的爱情在这种情况下可能终止和熄灭,而自己的爱情还能够这样继续发展:这岂不证明自己爱情的伟大?希波利特坐在自己的画室里,面对着自己的作品沉思着,眼泪在眼眶里滚动,使他眼前的画中人一片模糊。他手中始终拿着画笔,有时向画布走前几步,似乎要把颜色修淡一点,可是画笔始终没有碰到画布上。黑夜到了,他依然在那里呆着。黑暗把他从梦幻中唤醒,他下楼去,在楼梯上遇见年老的海军中将,他很忧郁地朝中将望了一眼,打个招呼,便转身逃走了。他本来想到他的两个女邻居家里去,然而一见中将那副以保护人自居的样子便冷了这条心,把他的决定打消了。他第一百次这样自问:是什么利害关系将这个拥有巨额财产和八万利勿尔年金收入的老头引进这五层楼上的寓所,每天晚上输掉四十来个法郎呢?这个关系,他相信已经猜着了。第二天和以后的几天,希波利特埋头工作,想借创作的兴奋和构思的艰苦来压倒他的爱情。他只成功了一半。钻研使他得到安慰,然而并不能冲淡他对于在阿黛拉伊德身边度过的那些愉快时刻的回忆。一天傍晚,他离开画室的时候,瞧见阿黛拉伊德家里的门半开着。有一个人站在那里,在窗口旁边。门和楼梯所构成的角度,使画家下楼时不能不望见阿黛拉伊德,他冷冷地向她打了一个招呼,向她投射了一道冷漠无情的眼光;然而他从本身的痛苦来猜想她的痛苦,就觉得自己的冷淡和眼光必然会使她的恋爱的心更受创伤,他不由得打了一个寒噤。他们两颗纯洁的心度过了这么些欢乐而甜蜜的日子,难道就用八天时间的轻蔑,和最深刻、最彻底的鄙视来结束吗?……这是可怕的结局!也许钱袋已经找到了,也许每天晚上阿黛拉伊德在等着他?这个简单而合乎情理的念头使希波利特更加后悔;他反躬自省,年轻姑娘对他的种种爱的表示,和过去那些使他着迷的喁喁情话,是否都不值得至少去调查一下,或者要

原文

求解释清楚呢?他为自己在整整一个星期内一直违抗着内心的这种愿望而感到羞愧。思想斗争的结果,他认为自己简直是一个罪人,于是他在当天晚上就跑到德·鲁维尔夫人家里去。一看见面色苍白而消瘦的阿黛拉伊德,他的一切怀疑、一切坏的念头都烟消云散了。

"天呀!您怎么了?"向男爵夫人行过礼之后,他向阿黛拉伊德问道。

阿黛拉伊德什么都没有回答,只向他望了一望,眼光里充满着忧愁、悲哀和懊丧,使他浑身不安。

"您大概很劳累,"老妇人说,"您的样子有点变了。是我们害了您,您替我们画了这幅画像,耽误了您的时间,使您不得不赶画您的重要作品吧?"

希波利特很庆幸能够找到这样一个好借口来掩饰他的不礼貌的举动。

"对了,"他说,"我很忙,可是我也很痛苦……"

听见了这句话,阿黛拉伊德抬起头,望着她的恋人,她的带着关切的眼光里已经丝毫没有责备他的表情了。

"您一定以为我们对于您的幸福或者不幸丝毫不关心吧?"老妇人说。

"我错了,"他回答,"可是有些痛苦是不能够告诉任何人的,即使彼此的交情比我们之间的交情更深也不便相告……"

"开诚布公与否和友情的深浅,不应该用时间的长短来衡量。我见过有些老朋友遇到极大的不幸也不肯流一滴眼泪。"男爵夫人摇着头说。

"不过您到底怎么了?"年轻人问阿黛拉伊德。

"哦,没有什么,"男爵夫人回答,"阿黛拉伊德熬了好几夜赶着完成

原文

一件女红,我告诉她早一天晚一天没有什么关系,可是她不听我的话……"

希波利特没有听下去。看见这两个如此高贵和宁静的面庞,他为自己的多疑而脸红起来,他把钱袋遗失的原因归之于他还不知道的某种偶然。对于他,这天晚上是非常愉快的,或许她也有同样的感觉。有些秘密是年轻的心了解得非常透彻的!阿黛拉伊德猜出了希波利特的思想。希波利特虽然不愿意坦白自己的错误,可是他已经承认错误,他回到恋人身边时比以前更爱她,对她更加亲热,希望用这种行动来换得她的暗中谅解。阿黛拉伊德享受着最完美和最甜蜜的快乐,以致她觉得即使付出前几天残酷地刺伤她的心的惨痛代价,也还是值得的。可是,德·鲁维尔男爵夫人的一句话,又扰乱了他们心灵的真正和谐与充满魔力的相互谅解。

"我们来玩纸牌好吗?"她说,"因为我的老朋友凯嘉鲁埃还想翻本哩。"

这句话勾起青年画家的一切恐惧,他满面通红地望着阿黛拉伊德的母亲;然而他从这张脸上只看见忠厚老实的表情,丝毫找不出虚伪的痕迹:并没有什么见不得人的思想损坏面貌的魅力,脸上显出的聪敏伶俐并不包含任何不忠不信的成分,即使狡猾的表情也显得善良,更没有任何悔恨的表示扰乱脸上的宁静安详。于是他就在牌桌旁坐了下来。阿黛拉伊德借口说他不会打牌,要和他搭档,以便分担他的命运。在赌牌中希波利特瞧见她们母女两人作着暗号,而且他又赢钱,更使他心神不安;然而到牌局将近终了的时候,最后一副牌竟使他们两人反而欠了男爵夫人的钱。画家把手从桌子上缩回来,想从背心口袋里摸钱来付账,突然间他看见桌子上放着一只钱袋,阿黛拉伊德什么时候偷偷地把它放在那里,他竟没有看见;可怜的阿黛拉伊德拿着他的旧钱袋,装出在里面找钱来付给她母亲的样子。希波利特浑身的血液都猛然向他心里涌上来,使他几乎丧失知觉。他的旧钱袋已经被这只新钱袋掉换过了,新钱袋绣着金珠,里面装着他的十五个金路易。钱袋的环子、流苏,都是第一流的物品,证明阿黛拉伊德趣味的高雅。毫无疑问,她一定把自己的全部私蓄,都花在这件可爱的制品上。说画家赠送的那幅画像只应得到这种充满情意的报酬,确也不能比这说得更巧妙的了。陶醉在幸福中的希波利特回过头来望着阿黛拉伊德和男爵夫人,他看见她们正为着她们的巧计能够成功而快活得发抖。他觉得自己渺小、卑鄙、愚蠢;他想重重地处罚自己,撕碎自己的心。泪水涌上他的眼睛;一种不可抵抗的力量使他站起来,用臂膀搂住阿黛拉伊德,把她紧紧地搂在怀里,用力吻了她一下;然后,怀着艺术家的真诚望着男爵夫人,高声说道:"我请求您让我娶她做妻子。"

阿黛拉伊德半怒半喜地朝画家望了一眼,男爵夫人有点吃惊,正想找句话来回答他,突然间门铃响了起来。年老的海军中将,他的影子,和施奈尔的母亲一齐在门口出现。希波利特虽然将自己烦恼的原因瞒住母亲,可是他的母亲仍然猜着了八九分;她跑到他的朋友处打听,他们告诉她关于阿黛拉伊德的一切。她听见这些诽谤的话惊吓起来,从楼下门房的女人处打听出海军中将的名字是德·凯嘉鲁埃伯爵,她找到了伯爵,告诉他外间的一切传闻。伯爵愤怒得跳起来。"我要跑去,"他喊道,"把这班流氓的耳朵割下来!"海军中将在盛怒中把自己赌博时故意输钱的秘密也告诉了施奈尔夫人;由于男爵夫人拒绝人家的任何布施,他只能用这种巧妙的方法来援助她。

施奈尔夫人和德·鲁维尔夫人打过招呼以后,德·鲁维尔夫人望望德·凯嘉鲁埃伯爵、那位已故德·凯嘉鲁埃伯爵夫人的老朋友杜·阿尔嘉骑士、希波利特和阿黛拉伊德,满怀欢喜地说:

原文

"看起来我们今天晚上是一家人⑪大团圆呀!"

一八三二年五月,巴黎。

(郑永慧 译)

| 注 释 |

① 普吕东(1758—1823),法国画家。

② 乙醚又译以太,用乙醚使人苏醒,是从前的老办法。

③ 旧政体时代,指法国大革命以前的时代。

④ 那时候的医生很喜欢替病人吸血或放血,因而大家养成了这样的习惯。

⑤ 此处指一七八九年意大利科学家加尔瓦尼的青蛙事件。加尔瓦尼是解剖学教授,他把几只解剖过的青蛙用铜钩穿过腰部神经挂在铁架上,在摇动中青蛙的神经每碰到铁架时,死蛙的肌肉就不住地抽动。加尔瓦尼认为构成这种现象的原因,是青蛙体内有一种特殊液体在起作用。

⑥ 墙是不会讲话的,这是说她几乎从来不开口。

⑦ 暗指梅特涅(1773—1859)制定的维持现状政策。这里是说悭吝的房产主不愿花钱修葺房屋,总是维持现状。

⑧ 竞技剧场、圣马丁门剧院,都是巴黎的著名剧院。房东要省下看戏的钱来补偿修理房屋的损失。

⑨ 勒布伦(1619—1690),法国画家,装饰艺术家和美术理论家。《亚历山大战史》系路易十四为装饰凡尔赛宫向勒布伦所订的油画,共六幅。

⑩ 德·格里厄骑士,法国普雷沃神甫(1697—1763)所著小说《曼侬·莱斯戈》的男主人公,他盲目地、疯狂地爱着曼侬。

⑪ 德·鲁维尔夫人说"一家人",就间接回答了画家:她同意把女儿嫁给他。

赏 析

《钱袋》是巴尔扎克1832年完成的一部作品,是《人间喜剧》中少见的充满着清新气息的短篇小说。它通过对画家希波利特·施奈尔、德·凯嘉鲁埃伯爵与德·鲁维尔夫人及其女儿阿黛拉伊德之间交往的叙述,凸现了人们内心深处的真实情感。作品中,没有唯利是图、尔虞我诈、勾心斗角的纷繁复杂,有的只是弥漫于友情、亲情、爱情中的融融暖意。读者见到的不是金钱对人情的腐蚀和侵害,而是金钱在人情面前的暗淡和软弱。

友情,是人们相处时不可或缺的一份情感。19世纪的法国社会,这份情感被沾染上了较多的铜臭味。在巴尔扎克众多作品中,该情感只是徒有虚名的内容或为谋取私利的工具。《欧也妮·葛朗台》中的台·格拉桑、克罗旭两家对葛朗台一家的情感就是其中的代表。他们同属于一个阶层,一起做生意。他们争着与葛朗台亲近,千方百计为葛朗台出力、卖命,"目的只是一个,那就是以欧也妮为跳板,把葛朗台的财产据为己有"。友情成了获取金钱、利益、地位的一个载体,充当了实施"自我"轴心运转的润滑剂。

然而,《钱袋》中对友情的叙述则不然。德·凯嘉鲁埃伯爵是一位"挂着勋章"、有着"六万利勿尔的年息"的海军中将,他是德·鲁维尔先生的生前好友,也是德·鲁维尔夫人家的常客。每次来到德·鲁维尔夫人家"坐到深夜才走",除了玩牌别无他事。每天在相同的时候来,做同样的事,输同样多的钱,三个月里"一次也没赢过"。并不是他对牌有特殊嗜好且牌技不精,也非源自对母女的不良企图故意为之,而是出自对已故"舰长"的那份真挚友情。为使这对母女摆脱孤独,为给她们以精神和物质上的帮助,他选择了打牌这种方式。德·鲁维尔夫人不希望别人怜悯,"拒绝人家的任何布施"。作为朋友,他不能眼睁睁地看着这对母女无依无靠、孤苦伶

赏析

厅。他想到了"用这种巧妙的方法来援助她"。当他发现画家希波利特已慢慢走进这个家庭,逐渐被她们所接受,彼此间的关系趋向密切时,他主动退出,登门的次数渐渐减少。他不愿再去扰乱这个日趋平静和甜美的家。而当他从施奈尔夫人处听到有关诽谤母女的话语,马上"愤怒得跳起来",甚至要"把这班流氓的耳朵割下来"。他不能容忍旁人对母女俩的伤害,哪怕是流言蜚语。他把母女俩的痛苦当作自己的痛苦,把母女俩的欢乐看成自己的欢乐。在这种浓浓的情意中,表现出的是互助和关爱,是纯善和美好。这种友情少了那些庸俗、功利和索取,更多的是豁达、无私和奉献。这种友情乃心与心的交汇,情与情的共鸣。

如果说德·凯嘉鲁埃伯爵的言行是对友情的正面解释,那么,德·鲁维尔夫人对希波利特的邻里情则是对友情的又一种解答。希波利特与阿黛拉伊德的恋情未发生之前,德·鲁维尔夫人与画家只是邻里关系。作为邻居,听到楼上摔倒及呻吟声,她"害怕发生意外,便赶紧跑上楼来",连自己的门也没关上,就为画家找来敷料治伤。担心希波利特伤势加重,在他回家之时,为防再次摔倒,她与女儿一道举灯照明,还再三叮嘱一些治伤的方法。希波利特的首次造访,她问的第一句话是"您的伤好了吧?没事了吧?"殷切的话语关怀备至。"钱袋"丢失后画家憔悴模样的出现,她心里闪现一种强烈的自责感,认为是自己"害"了他,不该同意他复制丈夫那幅像。平时,她除了注意希波利特外貌举止,连他的"幸福或者不幸"也在关切之中。对画家在画像上付出的心血,她总希望能给以回报。最终,她与女儿一道设下的"巧计",就是她"受之以李,报之以桃"的举动。从这里,我们未曾见到利用、算计和谋私,见到的是人与人之间相处的那种自然、平实和淳朴。

《钱袋》不只是在表现友情上与众不同,在亲情的述写上也独书其善。它没有像巴尔扎克的其他作品那样将亲情塑写成金钱的奴隶,凭金钱任意宰割,而是将其作为人类中的至善至美来加以称颂。

赏析

曾经,《欧也妮·葛朗台》中,葛朗台视金钱于女儿之上,为了金钱,他恶毒地咒骂女儿、惩罚女儿。女儿放弃继承权,他认为给了自己生路。到死时,他眷恋的不是女儿,而是他的金钱,要女儿到阴间去向他交账。金钱使爱女之情荡然无存。《高老头》中的两个女儿对父亲的感情也是这样。出嫁时,由于每人得到了高老头80万法郎的陪嫁,她们对父亲极尽奉承之能事,家里有专为父亲准备的用餐的刀叉。父亲的利用价值消失后,她们迅即将他扫地出门。即使在高老头临终之际,也难见上女儿一面。金钱成为她们侍奉父亲的杠杆,照料父亲的条件。

可是,《钱袋》给受众绘出的是另外一种情景。德·鲁维尔夫人与阿黛拉伊德的母女情以及施奈尔夫人与画家希波利特的母子情为此作了说明。

作为母亲,德·鲁维尔夫人对阿黛拉伊德倾注了全部心血。为了她,曾两次向法国政府申请抚恤金,虽然她厌恶"利用夺去一个女人全部精力的悲痛事件向人伸手","不喜欢把无可补偿的流血用金钱来加以估价",虽然每次申请都以失败而告终,但她还是照做不误。对女儿与画家希波利特的相恋,她没有表现出家长的专横与独断,一切视女儿的主张而定。女儿为赶制"女红"而熬夜,曾出于怜爱对其作过提醒,可她没有强行制止,她怕伤害女儿心中的诚挚恋情。到最后,希波利特请求她将女儿嫁给他、施奈尔夫人为流言登门造访,她"满怀欢喜地"说:"今天晚上是一家人大团圆呀!"道出了女儿长埋心田的美好心声,表明了自己发自肺腑的良好祝愿,倾诉了全家久抑心海的热情期盼。在德·鲁维尔夫人心中,只要给女儿带来幸福,自己受点委屈也在所不辞,只要女儿认为快乐,自己绝不横加干预。

希波利特的母子情同样也铸就了这份美好。希波利特的母亲施奈尔夫人,年轻时被男人"抛弃"后,"放弃社会上的一切享乐,全心全意地抚育儿子,从儿子的身上寻回人生的全部乐趣"。为了儿子,她无怨无悔,历尽坎坷,终于将儿子培养成人,且在绘画界占有一席之地。她用自己的毕生

赏析

精力写就了"母爱"的伟大。作为儿子,对于母亲的含辛茹苦,希波利特时刻铭记在心。他深知自己的责任,明晓个人的义务。当他成为美术界的大师时,最先想到的是"把一切生活享受都还给"母亲,以弥补母亲为自己失去的那些美好时光。他要"使她幸福、富有、受人尊重",他甚至认为自己就是为了母亲而"生存"着。这种血浓于水的母子之情,谁也无法改写。

《钱袋》里,母女情也好,母子情也罢,蕴含的都是自然的天性,毫不做作,毫不雕饰。为了女儿,母亲不怕"拒绝"与"失败";为了母亲,女儿甘受"清贫"与"寂苦"。为了儿子,母亲情愿"抛弃"与"忍受";为了母亲,儿子坚持"奋斗"与"拼搏"。对女儿,母亲给予的是"理解"和"支持";对母亲,女儿回报的是"尽心"与"体贴"。对儿子,母亲付出的是"艰辛"与"心血";对母亲,儿子偿还的是"尊重"与"幸福"。

爱情,历来是文学创作中亘古不变的主题,许多文人墨客都为它大唱赞歌。而巴尔扎克却赋予了它不同含义。在《夏倍上校》中,费罗伯爵夫人为了鲸吞夏倍的全部财产,绝口否认自己与他的关系,要求夏倍承认是盗窃他人名义的骗子,甚至还将穷困潦倒的夏倍送进乞丐收容所,使其受尽折磨之后变成了一具只有编号的活尸。读者目睹的是爱情在"金钱"扭曲下的变形。

《钱袋》与《夏倍上校》出版时间相近,但在爱情的表现上却正好相反。在《钱袋》里,作者塑造了希波利特与阿黛拉伊德这对挚诚挚爱的恋人形象。阿黛拉伊德是个"极端惹人喜爱的年轻姑娘",在画室对摔伤的希波利特悉心救护,"站在楼梯口,举灯为画家照明,听着他的脚步声往下走去",展露了她"出自天性和高尚的情操"。画家首次造访,她"充满友好和亲切"。希波利特提出将画像复制到画布上,她"内心最亲切的感情"被触动,随之投射出"一道像从心里发射出来的深沉的眼光"。短时间的密切交往,她对画家的眼神变得"更加亲昵,更加信任,更加快活,更加坦白";她的声音、态度变得"更加动人,更加亲热"。热恋中,她把双方当成一个整体。一

赏析

方面,为使恋人高兴,"很快就改变了她和老伯爵之间的亲昵随便的态度";另一方面,要求画家"把日常生活的一举一动都向她报告:如果哪天晚上他没有来,她就感觉痛苦和焦虑不安;等他再来的时候,她就用很巧妙的方法责备他,使得画家很少和朋友来往,很少到社交场所去"。言行举止难免带有个人的执拗、少女的刚愎。可彼此的呵护与关爱,让双方甘心充当爱情的俘虏。父亲画像复制成功后,她"一句话也说不出来,两行热泪从她的眼睛里滚滚而下"。父爱、母爱、情爱融合一起,钦佩、感激、幸福汇集其中,她无法表白,不能自已。然而,"钱袋"丢失后情人的冷漠,她变得"苍白而消瘦","眼光里充满着忧愁、悲哀和懊丧",既为希波利特的不理解而痛苦,也为自己的良苦用心而懊恼。而一旦画家重新回到自己身边,她又很快忘却了苦痛,觉得自己付出的心被刺伤的惨痛代价是值得的。为消除情人心中的烦闷,牌桌上,她与母亲互作暗号,想法让他赢钱;为给恋人一份惊喜,她与母亲布设"巧计"。最后,当她"熬了好几夜赶着完成"的"女红"——装有15个金路易的钱袋,摆在画家面前且让他感动得"几乎失去知觉"时,情感的满足、心灵的慰藉、激情的澎湃竟使她"快活得发抖"。所有这些,如果没有亲身体验,如果不经历心的伤痛,谁又会有这样的言语和举动呢?

希波利特对阿黛拉伊德的爱,不是一种盲目的爱,而是灵魂深处的一种激情,它与纯肉欲的冲动相悖,与对弱小女子的怜悯相离。从疗伤后回到画室那一刻起,阿黛拉伊德的"侧影"总是"在他的视觉中显现"。初次登门,脚步越近,心跳得越"厉害"。观察母女俩,老太太憔悴面容上的精明机智,阿黛拉伊德眼神里的傲慢和智慧,让他嗅到的是"道德的朴素而醉人的芬芳"。看到挂在墙上那幅画技拙劣、颜色泛白的德·鲁维尔画像,他最先想到的是把它复制到画布上。为践行诺言,第二天他就将原画取下,回到画室后"立刻开始工作,而且凭着艺术家那种一时冲动的热忱,一直工作到晚饭时分"。一星期后,他们的感情由"缓慢地、愉快地逐渐转变到心心相印的地步",为给阿黛拉伊德带来快乐,他每天晚上都去她家,十一点钟后

赏析

再去访问其他朋友,他心甘情愿"足不出户地生活在这狭小的寓所中"。由于他们的恋情不以感官享乐为目的,是"建筑在双方的信赖和体贴上",是彼此的心与心的交流,以至于他俩的生命在不过两个月的光景里很快"结合为一体"。

从希波利特与阿黛拉伊德的感情发展来看,他俩的情爱不是动物本能中固有的肉欲,是"从未有过的纯洁和热烈的爱情",他们之间没有虚伪、混浊、轻浮以及某种利益的驱动,有的是真善、纯洁与执著,有的是人世间普通恋人之间的心灵的碰撞,是人的善性产生的共鸣。

纵观《钱袋》对友情、亲情、爱情的描述,我们领略到了巴氏作品罕见的清新,读到了《人间喜剧》中另外一种内容。表面看来,《钱袋》的主旨是对人类至真至善的情感的赞美,细心思考,它正是对巴尔扎克塑造最成功的"金钱"主题的另一种诠释,是"金钱"主题的另类表达。

金钱本是等价交换物的表现形式,当它成为文学创作中的题材和主题时,至少有三方面内容:一是金钱的本身价值,即作为流通物维持人们正常生活的作用;二是它对某些人所起的积极效应,即赈济处在困境中的人们;三是它对个人乃至社会产生的消极影响,即毒化人的思想、腐蚀人的灵魂。在这一前提下,作者述写人情人性,就应该写出它在"金钱"面前的不同风貌。

巴尔扎克不愧为世界文坛上著名的现实主义大师。在刻画一个时代两三千个出色人物的《人间喜剧》里,围绕"金钱",他除了在《欧也妮·葛朗台》《高老头》等众多作品里写出了人与人之间那种"赤裸裸"的"纯粹的金钱关系",还在《钱袋》这类篇目中呈现人情人性的纯朴善良。

该短篇中,德·鲁维尔夫人与女儿阿黛拉伊德虽处于困苦之中,但面对邻居希波利特的摔昏,她们凭着友善之心,救助了这个有地位的画家,没有让"金钱"掺杂其中。海军中将德·凯嘉鲁埃伯爵虽有"六万利勿尔的年息",非但未让"金钱"亵渎他与德·鲁维尔将军一家的友情,反倒使"金钱"

原文

多了一重帮贫济困的"身份"。德·鲁维尔夫人与女儿阿黛拉伊德、施奈尔夫人与儿子希波利特虽然身处逆境,"金钱"为其必需,可他们没有拜倒在"金钱"的膝下,为其屈服。相反,当希波利特拥有地位、阿黛拉伊德拥有爱情,他们共同拥有"金钱"时,整个大家庭拥有的是和谐、温馨和幸福,亲情变得更为浓厚。希波利特与阿黛拉伊德的爱情,更使"金钱"逊色。希波利特不顾地位、身份、家境与阿黛拉伊德相爱,是对"金钱万能"的极大嘲讽;阿黛拉伊德将"钱袋"重新归还,是对"金钱至上"的迎头痛击。在整部作品里,作者所写的人情,走出了"金钱"的圈子,冲破了"金钱"的束缚,少了那些世故、虚伪和物性,充盈的是坦荡、真诚和人性。即便如此,它也并非与"金钱"主题相悖,而是对它的补充。这种"金钱"主题的另类表达,加强了"金钱"主题的丰富性、深刻性和全面性。我们在阅读该作品时,不能因为它与作者代表作风格的差异,而忽略它的价值。否则,我们就不能一睹《人间喜剧》的全貌,就会对巴尔扎克的"深邃"与"博大"的理解大打折扣。

(蒋 芳)

欧也妮·葛朗台

作品提要

在法国西部索漠城的一所幽暗凄凉的宅子里住着当地首富葛朗台。悭吝精明的富翁生财有道,但守财如命,平生唯一嗜好便是摩挲把玩囤积的金银。葛朗台的独生女儿欧也妮天真善良,不谙世事。与葛朗台家有交往的公证人克罗旭和银行家台·格拉桑两家,为能娶得葛朗台唯一的继承

原文

人欧也妮明争暗斗。不料欧也妮却对来自巴黎的不速之客,破产落魄的堂弟查理产生了爱慕之情。从此葛朗台府上一成不变的生活中泛起了波澜。

为了资助查理开创事业,欧也妮不惜倾囊,将全部私蓄金币相赠。此举的败露引发了父女间激烈的冲突,怒火中烧的葛朗台狠心地对自己唯一的骨肉实施禁闭。慈祥贤淑的妻子为此受到惊吓一病不起,但葛朗台却无动于衷,只是担心浪费医药费。直至妻子逝世,葛朗台为了诱导女儿放弃继承母亲的遗产,才与女儿言归于好。吝啬成性的葛朗台在弥留之际给欧也妮的遗言是:"把一切照顾得好好的! 到那边来向我交账!"失去了相依为命的慈母,耗尽青春痴心等待爱人归来的欧也妮最终发现查理不过是负心贪财之人。可怜的欧也妮守着吝啬父亲的巨额财产,却无缘幸运的光临,只能沦为索漠城中利欲熏心之徒追捕的猎物。

作品选录

这个地方像都兰区域一样,市面是由天气作主的。种葡萄的,有田产的,木材商,箍桶匠,旅店主人,船夫,都眼巴巴地盼望太阳:晚上睡觉,就怕明朝起来听说隔夜结了冰;他们怕风,怕雨,怕旱,一忽儿要下雨水,一忽儿要天时转暖,一忽儿又要满天上云。在天公与尘世的利益之间,争执是没得完的。晴雨表能够轮流的教人愁,教人笑,教人高兴。

这条街从前是索漠城的大街,从这一头到那一头,"黄金一般的好天气"这句话,对每份人家都代表一个收入的数目。而且个个人会对邻居说:"是啊,天上落金子下来了。"因为他们知道一道阳光和一场时雨带来多少利益。在天气美好的节季,到了星期六中午,就没法买到一个铜子的东西。做生意的人也有一个葡萄园,一方小园地,全要下乡去忙他两天。买进,卖出,赚头一切都是预先计算好的,生意人尽可以花大

原文

半日的工夫打哈哈,说长道短,刺探旁人的私事。某家的主妇买了一只竹鸡,邻居就要问她的丈夫是否煮得恰到好处。一个年轻的姑娘从窗口探出头来,决没有办法不让所有的闲人瞧见。因此大家的良心是露天的,那些无从窥测的,又暗又静的屋子,并藏不了什么秘密。

一般人差不多老在露天过活:每对夫妇坐在大门口,在那里吃中饭,吃晚饭,吵架拌嘴。街上的行人,没有一个不经过他们的研究。所以从前一个外乡人到内地,免不了到处给人家取笑。许多有趣的故事便是这样来的,安越人的爱寻开心也是这样出名的,因为编这一类的市井笑料是他们的拿手。

早先本地的乡绅全住在这条街上,街的高头都是古城里的老宅子,世道人心都还朴实的时代——这种古风现在是一天天的消灭了——的遗物。我们这个故事中的那所凄凉的屋子,就是其中之一。

古色古香的街上,连偶然遇到的小事都足以唤起你的回忆,全部的气息使你不由自主的沉入遐想。拐弯抹角地走过去。你可以看到一处黑魆魆的凹进去的地方,葛朗台府上的大门便藏在这凹坑中间。

在内地把一个人的家称作府上是有分量的;不知道葛朗台先生的身世,就没法掂出这称呼的分量。

葛朗台先生在索漠城的名望,自有它的前因后果,那是从没在内地耽留过的人不能完全了解的。葛朗台先生,有些人还称他作葛朗台老头,可是这样称呼他的老人越来越少了,他在一七八九年上是一个很富裕的箍桶匠,识得字,能写能算。共和政府在索漠地区标卖教会产业的时候,他正好四十岁,才娶了一个有钱的木板商的女儿。他拿自己的现款和女人的陪嫁,凑成两千金路易,跑到区公所。标卖监督官是一个强凶霸道的共和党人,葛朗台把夫人给的四百路易往他那里一送,就三钱不值两钱的,即使不能算正当,至少是合法地买到了区里最好的葡萄

原文

园,一座老修道院,和几块分种田。

索漠的市民很少革命气息,在他们眼里,葛朗台老头是一个激烈的家伙,前进分子,共和党人,关切新潮流的人物;其实箍桶匠只关切葡萄园。上面派他当索漠区的行政委员,于是地方上的政治与商业都受到他温和的影响。

在政治方面,他包庇从前的贵族,想尽方法使流亡乡绅的产业不致被公家标卖;商业方面,他向革命军队承包了一二千桶白葡萄酒,代价是把某个女修道院上好的草原,本来留作最后一批标卖的产业,弄到了手。

拿破仑当执政的时代,好家伙葛朗台做了区长,把地方上的公事应付得很好,可是他葡萄的收获更好;拿破仑称帝的时候,他变了光杆儿的葛朗台先生。拿破仑不喜欢共和党人,另外派了一个乡绅兼大地主,一个后来晋封为男爵的人来代替葛朗台,因为他有红帽子嫌疑。葛朗台丢掉区长的荣衔,毫不惋惜。在他任内,为了本城的利益,已经造好几条出色的公路直达他的产业。他的房产与地产登记的时候,占了不少便宜,只完很轻的税。自从他各处的庄园登记之后,靠他不断的经营,他的葡萄园变成地方上的顶儿尖儿,这个专门的形容词是说这种园里的葡萄能够酿成极品的好酒。总而言之,他简直有资格得荣誉团的勋章。

免职的事发生在一八〇六年。那时葛朗台五十七岁,他的女人三十六,他们的独养女儿才十岁。

大概是老天看见他丢了官,想安慰安慰他吧,这一年上葛朗台接连得了三笔遗产,先是他丈母特·拉·古地尼埃太太的,接着是太太的外公特·拉·裴德里埃先生的,最后是葛朗台自己的外婆,香蒂埃太太的;这些遗产数目之大,没有一个人知道。三个老人爱钱如命,一生一

原文

世都在积聚金钱，以便私下里摩挲把玩。特·拉·裴德里埃老先生把放债叫作挥霍，觉得对黄金看上几眼比放高利贷还实惠。所以他们积蓄的多少，索漠人只能以看得见的收入估计。

于是葛朗台先生得了新的贵族头衔，那是尽管我们爱讲平等也消灭不了的，他成为一州里"纳税最多"的人物。他的葡萄园有一百阿尔邦，收成好的年份可以出产七八百桶酒，他还有十三处分种田，一座老修道院，修道院的窗子，门洞，彩色玻璃，一齐给他从外面堵死了，既可不付捐税，又可保存那些东西。此外还有一百二十七阿尔邦的草原，上面的三千株白杨是一七九三年种下的。他住的屋子也是自己的产业。

这是他看得见的家私。至于他现金的数目，只有两个人知道一个大概。一个是公证人克罗旭，替葛朗台放债的，另外一个是台·格拉桑，索漠城中最有钱的银行家，葛朗台认为合适的时候跟他暗中合作一下，分些好处。在内地要得人信任，要挣家业，行事非机密不可；老克罗旭与台·格拉桑虽然机密透顶，仍免不了当众对葛朗台毕恭毕敬，使旁观的人看出前任区长的资力何等雄厚。

索漠城里个个人相信葛朗台家里有一个私库，一个堆满金路易的密窟，说他半夜里瞧着累累的黄金，快乐得无可形容。一般吝啬鬼认为这是千真万确的事，因为看见那好家伙连眼睛都是黄澄澄的，染上了金子的光彩。一个靠资金赚惯大利钱的人，像色鬼，赌徒，或帮闲的清客一样，眼风自有那种说不出的神气，一派躲躲闪闪的，馋痨的，神秘模样，决计瞒不过他的同道。凡是对什么东西着了迷的人，这些暗号无异帮口里的切口。

葛朗台先生从来不欠人家什么；又是老箍桶匠，又是种葡萄的老手，什么时候需要为自己的收成准备一千只桶，什么时候只要五百只桶，他预算得像天文学家一样准确；投机事业从没失败过一次，酒桶的

原文

市价比酒还贵的时候,他老是有酒桶出卖,他能够把酒藏起来,等每桶涨到两百法郎才抛出去,一般小地主却早已在一百法郎的时候脱手了。这样一个人物当然博得大家的敬重。那有名的一八一一年的收成,他乖乖地囤在家里,一点一滴地慢慢卖出去,挣了二十四万多法郎。讲起理财的本领,葛朗台先生是只老虎,是条巨蟒:他会躺在那里,蹲在那里,把俘虏打量个半天再扑上去,张开血盆大口的钱袋,倒进大堆的金银,然后安安宁宁地去睡觉,好像一条蛇吃饱了东西,不动声色,冷静非凡,什么事情都按部就班的。

他走过的时候,没有一个人看见了不觉得又钦佩,又敬重,又害怕。索漠城中,不是个个人都给他钢铁般的利爪干净利落地抓过一下的吗?某人为了买田,从克罗旭那里弄到一笔借款,利率要一分一,某人拿期票向台·格拉桑贴现,给先扣了一大笔利息。市场上,或是夜晚的闲谈中间,不提到葛朗台先生大名的日子很少。有些人认为,这个种葡萄老头的财富简直是地方上的一宝,值得夸耀。不少做买卖的,开旅店的,得意洋洋地对外客说:

"嘿,先生,上百万的咱们有两三家;可是葛朗台先生哪,连他自己也不知道究竟有多少家私!"

一八一六年的时候,索漠城里顶会计算的人,估计那好家伙的地产大概值到四百万;但在一七九三年到一八一七年中间,平均每年的收入该有十万法郎,由此推算,他所有的现金大约和不动产的价值差不多。因此,打完了一场牌,或是谈了一个葡萄的情形,提到葛朗台的时候,一般自作聪明的人就说:"葛朗台老头吗?……总该有五六百万吧。"要是克罗旭或台·格拉桑听到了,就会说:

"你好厉害,我倒从来不知道他的总数呢!"

遇到什么巴黎客人提到洛岂尔特或拉斐德那般大银行家,索漠人

原文

就要问,他们是不是跟葛朗台先生一样有钱。如果巴黎人付之一笑,回答说是的,他们便把脑袋一侧,互相瞪着眼,满脸不相信的神气。

偌大一笔财产把这个富翁的行为都镀了金。假使他的生活起居本来有什么可笑,给人家当话柄的地方,那些话柄也早已消灭得无形无踪了。葛朗台的一举一动都像是钦定的,到处行得通;他的说话,衣着,姿势,瞪眼睛,都是地方上的金科玉律;大家把他仔细研究,像自然科学家要把动物的本能研究出它的作用似的,终于发见他最琐屑的动作,也有深邃而不可言传的智慧。譬如,人家说:

"今年冬天一定很冷,葛朗台老头已经戴起皮手套了:咱们该收割葡萄了吧。"

或者说:

"葛朗台老头买了许多桶板,今年的酒一定不少的。"

葛朗台先生从来不买肉,不买面包。每个星期,那些佃户给他送来一份足够的食物:阉鸡,母鸡,鸡子,牛油,麦子,都是抵租的。他有一所磨坊租给人家,磨坊司务除了缴付租金以外,还得亲自来拿麦子去磨,再把面粉跟麸皮送回来。他的独一无二的老妈子,叫作长脚拿侬的,虽然上了年纪,还是每星期六替他做面包。房客之中有种菜的,葛朗台便派他们供应菜蔬。至于水果,收获之多,可以大部分出售。烧火炉用的木材,是把田地四周的篱垣,或烂了一半的老树砍下来,由佃户锯成一段一段的,用小车装进城,他们还有心巴结,替他送进柴房,讨得几声谢。他的开支,据人家知道的,只有教堂里坐椅的租费,圣餐费,太太和女儿的衣着,家里的灯烛,拿侬的工钱,锅子的镀锡,国家的赋税,庄园的修理,和种植的费用。他新近买了六百阿尔邦的一座树林,托一个近邻照顾,答应给一些津贴。自从他置了这个产业之后,他才吃野味。

这家伙动作非常简单,说话不多,发表意见总是用柔和的声音,简

原文

短的句子，搬弄一些老生常谈。从他出头露面的大革命时代起，逢到要长篇大论说一番，或者跟人家讨论什么，他便马上结结巴巴的，弄得对方头昏脑涨。这种口齿不清，理路不明，前言不对后语，以及废话连篇把他的思想弄糊涂了的情形，人家当做是他缺少教育，其实完全是假装的；等会儿故事中有些情节，就足以解释明白。而且逢到要应付，要解决什么生活上或买卖上的难题，他就搬出四句口诀，像代数公式一样准确，叫作："我不知道，我不能够，我不愿意，慢慢瞧吧。"

他从来不说一声是或不是，也从来不把黑笔落在白纸上。人家跟他说话，他冷冷地听着，右手托着下巴颏儿，肘子靠在左手背上；无论什么事，他一朝拿定了主意，就永远不变。一点点儿小生意，他也得盘算半天。经过一番钩心斗角的谈话之后，对方自以为心中的秘密保守得密不透风，其实早已吐出了真话。他却回答道：

"我没有跟太太商量过，什么都不能决定。"

给他压得像奴隶般的太太，却是他生意上最方便的遮身牌。他从来不到别人家里去，不吃人家，也不请人家；他没有一点儿声响，似乎什么都要节省，连动作在内。因为没有一刻不尊重旁人的主权，他绝对不动人家的东西。

可是，尽管他声音柔和，态度持重，仍不免露出箍桶匠的谈吐与习惯，尤其在家里，不像在旁的地方那么顾忌。

至于体格，他身高五尺，臃肿，横阔，腿肚子的圆周有一尺，多节的膝盖骨，宽大的肩膀；脸是圆的，乌油油的，有痘瘢；下巴笔直，嘴唇没有一点儿曲线，牙齿雪白；冷静的眼睛好像要吃人，是一般所谓的蛇眼；脑门上布满皱裥，一块块隆起的肉颇有些奥妙；青年人不知轻重，背后开葛朗台先生玩笑，把他黄黄而灰白的头发叫作金子里掺白银。鼻尖肥大，顶着一颗满着血筋的肉瘤，一般人不无理由地说，这颗瘤里全是刁

原文

钻促狭的玩艺儿。这副脸相显出他那种阴险的狡猾，显出他有计划的诚实，显出他的自私自利，所有的感情都集中在吝啬的乐趣，和他唯一真正关切的独生女儿欧也妮身上。而且姿势，举动，走路的功架，他身上的一切都表示他只相信自己，这是生意上左右逢源养成的习惯。所以表面上虽然性情和易，很好对付，骨子里他却硬似铁石。

他老是同样的装束，从一七九一年以来始终是那身打扮。笨重的鞋子，鞋带也是皮做的；四季都穿一双呢袜，一条栗色的粗呢短裤，用银箍在膝盖下面扣紧，上身穿一件方襟的闪光丝绒背心，颜色一忽儿黄一忽儿古铜色，外面罩一件衣裾宽大的栗色外套，戴一条黑领带，一顶阔边帽子。他的手套跟警察的一样结实，要用到一年零八个月，为保持清洁起见，他有一个一定的手势，把手套放在帽子边缘上一定的地位。

关于这个人物，索漠人所知道的不过这一些。

城里的居民有资格在他家出入的只有六个。前三个中顶重要的是克罗旭先生的侄子。这个年轻人，自从当了索漠初级裁判所所长之后，在本姓克罗旭之上又加了一个篷风的姓氏，并且极力想叫篷风出名。他的签名已经变做克·特·篷风了。倘使有什么冒失的律师仍旧称他"克罗旭先生"，包管在出庭的时候要后悔他的糊涂。凡是称"所长先生"的，就可博得法官的庇护。对于称他"特·篷风先生"的马屁鬼，他更不惜满面春风地报以微笑。所长先生三十三岁，有一处名叫篷风的田庄，每年有七千法郎进款；他还在那里等两个叔父的遗产，一个是克罗旭公证人，一个是克罗旭神甫，属于都尔城圣·马丁大寺的教士会的；据说这两人都相当有钱。三位克罗旭，房族既多，城里的亲戚也有一二十家，俨然结成一个党，好像从前佛罗棱斯的那些梅迭西斯一样；而且正如梅迭西斯有巴齐一族跟他们对垒似的，克罗旭也有他们的敌党。

原文

台·格拉桑太太有一个二十三岁的儿子,她很热心地来陪葛朗台太太打牌,希望她亲爱的阿道夫能够和欧也妮小姐结婚。银行家台·格拉桑先生,拿出全副精神从旁协助,对吝啬的老头儿不断暗中帮忙,逢到攸关大局的紧要关头,从来不落人后。这三位台·格拉桑也有他们的帮手,房族和忠实的盟友。

在克罗旭方面,神甫是智囊,加上那个当公证人的兄弟做后援,他竭力跟银行家太太竞争,想把葛朗台的大笔遗产留给自己的侄儿。克罗旭和台·格拉桑两家暗中为争夺欧也妮的斗法,成为索漠城中大家小户热心关切的题目。葛朗台小姐将来嫁给谁呢? 所长先生呢,还是阿道夫·台·格拉桑?

对于这个问题,有的人的答案是两个都不会到手。据他们说,老箍桶匠野心勃勃,想找一个贵族院议员做女婿,凭他岁收三十万法郎的陪嫁,谁还计较葛朗台过去、现在、将来的那些酒桶? 另外一批人却回答说,台·格拉桑是世家,极有钱,阿道夫又是一个俊俏后生,这样一门亲事,一定能教出身低微,索漠城里都眼见拿过斧头凿子,而且还当过革命党的人心满意足,除非他夹袋里有什么教皇的侄子之流。可是老于世故的人提醒你说,克罗旭·特·篷风先生随时可以在葛朗台家进出,而他的敌手只能在星期日受招待。有的认为,台·格拉桑太太跟葛朗台家的女太太们,比克罗旭一家接近得多,久而久之,一定能说动她们,达到她的目的。有的却认为克罗旭神甫的花言巧语是天下第一,拿女人跟出家人对抗,正好势均力敌。所以索漠城中有一个才子说:

"他们正是旗鼓相当,各有一手。"

据地方上熟知内幕的老辈看法,像葛朗台那样精明的人家,决不肯把家私落在外人手里。索漠的葛朗台还有一个兄弟在巴黎,非常有钱的酒商;欧也妮小姐将来是嫁给巴黎葛朗台的儿子的。对这种意见,克

原文

罗旭和台·格拉桑两家的党羽都表示异议,说:

"一则两兄弟三十年来没有见过两次面;二则巴黎的葛朗台先生对儿子的期望大得很。他自己是巴黎某区的区长,兼国会议员,禁卫军旅长,商事裁判所推事,自称为跟拿破仑提拔的某公爵有姻亲,早已不承认索漠的葛朗台是本家。"

周围七八十里,甚至在安越到勃洛阿的驿车里,都在谈到这个有钱的独养女儿,七嘴八舌,议论纷纷,当然是应有之事。

(傅 雷 译)

赏 析

巴尔扎克是19世纪法国伟大的批判现实主义作家。《欧也妮·葛朗台》是其文学巨著《人间喜剧》"风俗篇"中的一部杰作。

选文出自小说的第一章"中产阶级的面目"。索漠城无疑是那个时代的法国内地社会的缩影,小说一开始就对这个城市的街市、建筑、天气、人情进行了长幅精准的描写,生动逼真地再现了时代风貌。继而是对葛朗台的出身、家庭、社会关系与地位,作了翔实真切、细致入微的描述。巴尔扎克强调人物性格的发展与人物所处环境的关联,通过环境的描写来强化对人物性格形成的影响。他对索漠城的描写为人物的登台和情节的演化发展构建了可信的社会背景,为塑造葛朗台这个人物做了厚实的铺垫。本段逐渐塑造起葛朗台的悭吝性格,并绘声绘色地描摹了葛朗台早期财富积累的过程,让读者清晰地看到他毕生都在追求财富,并且为之孜孜不倦,不择手段。首先,"共和政府在索漠地区标卖教会产业的时候",他"娶了一个有钱的木板商的女儿"。他的婚姻就是一笔投资,而且是一笔稳赚的好生意,妻子的陪嫁他用作本钱,贿赂了标卖监督官,"就三钱不值两钱的,即使不能算正当,至少合法地买到了区里最好的葡萄园,一座老修道院,和几块分

赏析

种田"。历史的变迁也丝毫没能影响葛朗台积累财富的步伐,相反,他能审时度势,通过向革命军承包一二千桶白酒,就将上好的草原弄到了手。担任区长期间,他更是借职务之便,造了好几条直达他自己产业的公路,并在房产与地产登记时占尽便宜,捞得许多好处。经过作者一番交代,葛朗台的敛财能力昭然若揭。

作为资产阶级商人,葛朗台无疑是精明能干的。他不择手段,疯狂敛财的能力在当地人尽皆知。他投机倒把从不失手,并且勾结了公证人和银行家榨取当地人的钱财。"索漠城中,不是个个都给他钢铁般的利爪干净利落地抓过一下的吗?"葛朗台坚信手是天生用来捞钱的,所以他从不让任何赚钱的机会从指缝中溜走,因为对他来说,有钱不赚就是犯罪。但是葛朗台的吝啬不但没有遭到众人的唾骂,反而受到他们的敬仰和钦佩。这无疑反映了那个时代的风尚和特色。在那个金钱至上的年代,人们把葛朗台当成财神般膜拜,对他的理财能力更是啧啧赞叹。"讲起理财的本领,葛朗台先生是只老虎,是条巨蟒;他会躺在那里,蹲在那里,把俘虏打量个半天再扑上去,张开血盆大口的钱袋,倒进大堆的金银,然后安安宁宁地去睡觉,好像一条蛇吃饱了东西,不动声色,冷静非凡,什么事情都按部就班的。"寥寥数句将葛朗台对财富的如饥似渴和静观其变的生财之道刻画得生动非凡;他贪婪的触角已经伸向了四面八方,并且拥有蛇一般冷静的观察能力,伺机而动。他的这种能力更是被底层大众给神话了,"葛朗台的一举一动都像是钦定的,到处行得通;他的说话,衣着,姿势,瞪眼睛,都是地方上的金科玉律"。

葛朗台的婚姻是桩稳赚的生意,而对于家中大小事务,葛朗台也秉承了经商的原则,以欺诈佃户的点点滴滴为乐。巴尔扎克对葛朗台家中情形的描写让人深刻地感受到露骨的吝啬已经渗透到了葛朗台的每一个眼神、每一句话和每一个举动中。葛朗台腰缠万贯,但家中的各种物资开销都来源于他的佃户。"葛朗台先生从来不买肉,不买面包。每个星期,那些佃户

赏析

给他送来一份足够的食物：阉鸡、母鸡、鸡子、牛油、麦子，都是抵租的。他有一所磨坊租给人家，磨坊司务除了缴付租金以外，还得亲自来拿麦子去磨，再把面粉跟麸皮送回来。"他深谙如何在佃户身上榨取油水，并且还能将这些点滴油水计算得不差一分一毫，连麸皮也得捎回来，绝不能让别人占了丝毫便宜。葛朗台的吝啬已经演变成一种习惯、一种瘾、一种枷锁，但他自己看不到，反而乐此不疲地接受它的奴役。

即便是对待自己的至亲，葛朗台也专制无情，并且一如既往地刻薄吝啬。他只给妻子微薄的家用，而且还想方设法让这些钱回流到自己兜里。尽管经常把金币作为礼物赠予女儿欧也妮，其实无非是把钱转移到自己的另一个口袋中。在处理生意时，葛朗台成了深谋远虑的外交家，只要能维护自己的利益，不惜利用家人作为挡箭牌。与外面人打交道时他言简意赅，似乎浪费一个字就会浪费他一个子儿一般。当他带着某种目的去与别人商谈时，会摆出一副昏庸糊涂、口吃耳聋的样子，迷惑对手。他解决买卖难题的四句口诀是"我不知道，我不能够，我不愿意，慢慢瞧吧"。这可谓是精辟的四字金言，他老奸巨猾，不露声色，也很谨小慎微。"他从来不说一声是或不是，也从来不把黑笔落在白纸上。"没人可以在跟葛朗台的较量中占得上风，因为葛朗台是密不透风的，他的盘算永远没人知道。最后，当他不得不作答时，便会搬出受尽他奴役的太太做"遮身牌"，并说"我没有跟太太商量过，什么都不能决定"。

巴尔扎克十分擅长运用外形描写来体现人物内心本质，他的描摹细致入微，还带着几分调侃的意味，让人忍俊不禁。选文中对葛朗台体格与脸部的特写就是最佳的例子，它让人联想起葛朗台悭吝的本性。"下巴笔直，嘴唇没有一点儿曲线，牙齿雪白；冷静的眼睛好像要吃人，是一般所谓的蛇眼；脑门上布满皱襇，一块块隆起的肉颇有些奥妙；青年人不知轻重，背后开葛朗台先生玩笑，把他黄黄而灰白的头发叫作金子里掺白银。鼻尖肥大，顶着一颗满着血筋的肉瘤，一般人无理由地说，这颗瘤里全是刁钻促狭

赏析

的玩意儿。这副脸相显出他那种阴险的狡猾，显出他有计划的诚实，显出他的自私自利，所有的感情都集中在吝啬的乐趣，和他唯一真正关切的独生女儿欧也妮身上。"这样的描写与其说来源于外表，不如说是葛朗台精髓的体现。没有一丝曲线的嘴唇预示着惊人的忍耐力和坚韧的执著，一双蛇眼中透露着谨慎与冷血，而血筋满布的肉瘤更是点睛传神之笔，它就是葛朗台狡诈和贪婪本性的聚集之地。出类拔萃的外观描写与言语、行动描述互相呼应，葛朗台的本性跃然纸上。

作者似乎对面部的特写还意犹未尽，便接着刻画他的衣着。"他老是同样的装束，从一七九一年以来始终是那身打扮。笨重的鞋子，鞋带也是皮做的；四季都穿一双呢袜，一条栗色的粗呢短裤，用银箍在膝盖下面扣紧，上身穿一件方襟的闪光丝绒背心，颜色一忽儿黄一忽儿古铜色，外面罩一件衣裾宽大的栗色外套，戴一条黑领带，一顶阔边帽子。他的手套跟警察的一样结实，要用到一年零八个月，为保持清洁起见，他有一个一定的手势，把手套放在帽子边缘上一定的地位。"一个当地的显赫首富一年四季都穿着一成不变的衣服堪称骇人听闻，尤其是当这个首富年复一年地穿着这套衣服时，他的吝啬无疑已到了无以复加的地步。此处对葛朗台使用手套的习惯虽只提及短短一句，却无比深刻地体现出葛朗台一切为吝啬服务的至上准则。他的吝啬侵入了每个生活的细节，继而被这些细节展露出来，点点滴滴，汇聚成河，让人不得不感叹他的吝啬本性，同时也赞叹巴尔扎克细节描写的卓越才华。

在选文的最后一部分，巴尔扎克对有资格出入葛朗台家的人物作了点评，主要的笔墨落到了有资格追求葛朗台独生女欧也妮的两位年轻候选人身上。"在克罗旭方面，神甫是智囊，加上当公证人的兄弟做后援，他竭力跟银行家太太竞争，想把葛朗台的大笔遗产留给自己的侄儿。克罗旭和台·格拉桑两家暗中为争夺欧也妮的斗法，成为索漠城中大家小户热心关切的题目。葛朗台的小姐将来嫁给谁呢？所长先生呢，还是阿道夫·台·

格拉桑?"这无疑为欧也妮今后的悲惨命运作了预言,她最终将沦为索漠城中利欲熏心之徒追捕的猎物。而这一切的根源则是葛朗台对金钱的执著的追求和坚定的意念。他亲手摧毁了家庭,打碎了独生女的幸福,使家人沦为他追求财富的牺牲品。他终生积累了万贯财富,却一文也带不进坟墓,可以说一无所获。

(樊 琳)

高老头

作品提要

伏盖公寓住着七位房客,其中来自外省的大学生拉斯蒂涅,试图通过表姐鲍赛昂夫人的关系跻身上流社会。在表姐的指点下,拉斯蒂涅先后结识了两位夫人,而她们的父亲正是住在伏盖公寓的高老头。当年,高老头住到伏盖公寓后,膳宿费从每年一千二百法郎逐年降低,原本阔绰的生活每况愈下。他爱女心切,为赢取女儿的欢心,替女儿们偿还荒唐奢侈生活导致的债务;为维持她们的声名,他多次变卖一件件值钱的家私,甚至为了成全拉斯蒂涅与次女纽沁根太太的"爱情",动用了自己养老的终身年金。伏盖公寓的另一位重要人物是伏脱冷,他为拉斯蒂涅上了一堂堂生动的课,用赤裸裸的语言展示了社会上金钱以及地位交易的内幕。最终,他被房客揭穿了在逃苦役犯的身份,重返牢狱。而此时,高老头也走向人生最为悲惨的尽头,临死前望眼欲穿,盼望女儿们的到来,却一次次希望落空,最后是两位大学生斥资埋葬了高老头。拉斯蒂涅亲历高老头的悲惨遭遇,

| 原文 |

完成人生最重要的一课,埋葬了青年人的最后一滴眼泪后,下决心向巴黎上流社会挑战。

| 作品选录 |

高老头从迷惘中醒过来,说道:"好,让我来叫你决定。亲爱的欧也纳先生,你不是会向犹太人借钱吗?"

"那是不得已呀。"

"好,就要你说这句话,"老人说着,掏出一只破皮夹。"那么我来做犹太人。这些账单是我付的,你瞧。屋子里全部的东西,账都清了。也不是什么大数目,至多五千法郎,算是我借给你的。我不是女人,你总不会拒绝了吧。随便写个字作凭据,将来还我就行啦。"

几颗眼泪同时在欧也纳和但斐纳眼中打转,他们俩面面相觑,愣住了。拉斯蒂涅握着老人的手。

高里奥道:"哎哟,怎么!你们不是我的孩子吗?"

特·纽沁根太太道:"可怜的父亲,你哪儿来的钱呢?"

"嗳!问题就在这里。你听了我的话决意把他放在身边,像办嫁妆似的买东买西,我就想:她要为难了!代理人说,向你丈夫讨回财产的官司要拖到六个月以上。好!我就卖掉长期年金一千三百五十法郎的本金;拿出一万五存了一千二的终身年金,有可靠的担保;余下的本金付了你们的账。我么,这儿楼上有间每年一百五十法郎的屋子,每天花上两法郎,日子就过得像王爷一样,还能有多余。我什么都不用添置,也不用做衣服。半个月以来我肚里笑着想:他们该多么快活啊!嗯,你们不是快活吗?"

"哦!爸爸,爸爸!"特·纽沁根太太扑在父亲膝上,让他抱着。

原文

她拼命吻着老人,金黄的头发在他腮帮上厮磨,把那张光彩奕奕,眉飞色舞的老脸洒满了眼泪。

她说:"亲爱的父亲,你才是一个父亲!天下哪找得出第二个像你这样的父亲!欧也纳已经非常爱你,现在更要爱你了!"

高老头有十年功夫,不曾觉得女儿的心贴在他的心上跳过,他说:"噢!孩子们,噢,小但斐纳,你叫我快活死了!我的心胀破了。喂!欧也纳先生,咱们两讫了!"

老人抱着女儿,发疯似的蛮劲使她叫起来。

"哎,你把我掐痛了。"

"把你掐痛了?"他说着,脸色发了白,瞅着她,痛苦得了不得。这个父性基督的面目,只有大画家笔下的耶稣受难的图像可以相比。高老头轻轻地亲吻女儿的脸,亲着他刚才掐得太重的腰部。他又笑盈盈的,带着探问的口吻:

"不,不,我没有掐痛你;倒是你那么叫嚷使我难受。"他一边小心翼翼地亲着女儿,一边咬着她耳朵:"钱花的不止这些呢,咱们得瞒着他,要不然他会生气的。"

老人的牺牲精神简直无穷无尽,使欧也纳愣住了,只能不胜钦佩地望着他。那种天真的钦佩在青年人心中就是有信仰的表现。

他叫道:"我决不辜负你们。"

"噢,欧也纳,你说得好。"特·纽沁根太太亲了亲他的额角。

高老头道:"他为了你,拒绝了泰伊番小姐和她的几百万家私。是的,那姑娘是爱你的;现在她哥哥一死,她就和克莱宙斯一样有钱了。"

拉斯蒂涅道:"呃!提这个做什么!"

"欧也纳,"但斐纳凑着他的耳朵说,"今晚上我还觉得美中不足。可是我多爱你,永远爱你!"

原文

高老头叫道:"你们出嫁到现在,今天是我最快乐的日子了。老天爷要我受多少苦都可以,只要不是你们叫我受的。将来我会想到:今年二月里我有过一次幸福,那是别人一辈子都没有的。你瞧我啊,但斐纳!"他又对欧也纳说:"你瞧她多美!你有没有碰到过有她那样好看的皮色,小小的酒窝的女人?没有,是不是?嗳,这个美人儿是我生出来的呀。从今以后,你给了她幸福,她还要漂亮呢。欧也纳,你如果要我的那份儿天堂,我给你就是,我可以进地狱。吃饭吧,吃饭吧,"他嚷着,不知道自己说些什么。"啊,一切都是咱们的了。"

"可怜的父亲!"

"我的儿啊,"他起来向她走去,捧着她的头亲她的头发,"你不知道要我快乐多么容易!只要不时来看我一下,我老是在上面,你走一步路就到啦。你得答应我!"

"是的,亲爱的父亲。"

"再说一遍。"

"是的,好爸爸。"

"行啦行啦,由我的性子,会教你说上一百遍。咱们吃饭吧。"

整个黄昏大家像小孩子一样闹着玩儿,高老头的疯癫也不下于他们俩。他躺在女儿脚下,亲她的脚,老半天盯着她的眼睛,把脑袋在她衣衫上厮磨;总之他像一个极年轻极温柔的情人一样风魔。

"你瞧,"但斐纳对欧也纳道,"我们和父亲在一起,就得整个儿给他。有时的确麻烦得很。"

这句话是一切忘恩负义的根源,可是欧也纳已经几次三番妒忌老人,也就不能责备她了。

…… ……

原文

"克利斯朵夫,是不是我两个女儿告诉你就要来了?你再去一次,我给你五法郎。对她们说我觉得不好,我临死之前还想拥抱她们,再看她们一次。你这样去说吧,可是别过分吓了她们。"

克利斯朵夫看见欧也纳对他递了个眼色,便动身了。

"她们要来了,"老人又说,"我知道她们的脾气。好但斐纳,我死了,她要怎样的伤心呀!还有娜齐也是的。我不愿意死,因为不愿意让她们哭。我的好欧也纳,死,死就是再也看不见她们。在那个世界里,我要闷得发慌哩。看不见孩子,做父亲的等于入了地狱;自从她们结了婚,我就尝着这个味道。我的天堂是于西安街。嗳!喂,倘使我进了天堂,我的灵魂还能回到她们身边吗?听说有这种事情,可是真的?我现在清清楚楚看见她们在于西安街的模样。她们一早下楼,说:爸爸,你早。我把她们抱在膝上,用种种花样逗她们玩儿,跟她们淘气。她们也跟我亲热一阵。我们天天一块儿吃中饭,一块儿吃晚饭,总之那时我是父亲,看着孩子直乐。在于西安街,她们不跟我讲嘴,一点不懂人事,她们很爱我。天哪!干么她们要长大呢?(哎唷!我痛啊;头里在抽。)啊!啊!对不起。孩子们!我痛死了;要不是真痛,我不会叫的,你们早已把我训练得不怕痛苦了。上帝呀!只消我能握着她们的手,我就不觉得痛啦。你想她们会来吗?克利斯朵夫蠢极了!我该自己去的。他倒有福气看到她们。你昨天去了跳舞会,你告诉我呀,她们怎么样?她们一点不知道我病了,可不是?要不她们不肯去跳舞了,可怜的孩子们!噢!我再也不愿意害病了。她们还少不了我呢。她们的财产遭了危险,又是落在怎样的丈夫手里!把我治好呀,治好呀!(噢!我多难过!哟!哟!哟!)你瞧,非把我医好不行,她们需要钱,我知道到哪儿去挣。我要上奥特赛去做淀粉。我才精明呢,会赚他几百万。(哦呀!我痛死了!)"

原文

高里奥不出声了,仿佛集中全身的精力熬着痛苦。

"她们在这儿,我不会叫苦了,干吗还要叫苦呢?"

他迷迷糊糊昏沉了好久。克利斯朵夫回来,拉斯蒂涅以为高老头睡熟了,让佣人高声汇报他出差的情形。

"先生,我先上伯爵夫人家,可没法跟她说话,她和丈夫有要紧事儿。我再三央求,特·雷斯多先生亲自出来对我说:高里奥先生快死了是不是?哎,再好没有。我有事,要太太待在家里。事情完了,她会去的。——他似乎很生气,这位先生。我正要出来,太太从一扇我看不见的门里走到穿堂,告诉我:克利斯朵夫,你对我父亲说,我同丈夫正在商量事情,不能来。那是有关我孩子们生死的问题。但等事情一完,我就去看他。——说到男爵夫人吧,又是另外一桩事儿!我没有见到她,不能跟她说话。老妈子说:啊!太太今儿早上五点一刻才从跳舞会回来;中午以前叫醒她,一定要挨骂的。等会她打铃叫我,我会告诉她,说她父亲的病更重了。报告一件坏消息,不会嫌太晚的。——我再三央求也没用。哎,是呀,我也要求见男爵,他不在家。"

"一个也不来,"拉斯蒂涅嚷道,"让我写信给她们。"

"一个也不来,"老人坐起来接着说,"她们有事,她们在睡觉,她们不会来的。我早知道了。直要临死才知道女儿是什么东西!唉!朋友,你别结婚,别生孩子!你给他们生命,他们给你死。你带他们到世界上来,他们把你从世界上赶出去。她们不会来的!我已经知道了十年。有时我心里这么想,只是不敢相信。"

他每只眼中冒出一颗眼泪,滚在鲜红的眼皮边上,不掉下来。

"唉!倘若我有钱,倘若我留着家私,没有把财产给她们,她们就会来,会用她们的亲吻来舐我的脸!我可以住在一所公馆里,有漂亮的屋子,有我的仆人,生着火;她们都要哭作一团,还有她们的丈夫,她们的

原文

孩子。这一切我都可以到手。现在可什么都没有。钱能买到一切,买到女儿。啊!我的钱到哪儿去了?倘若我还有财产留下,她们会来伺候我,招呼我;我可以听到她们,看到她们。啊!欧也纳,亲爱的孩子,我唯一的孩子,我宁可给人家遗弃,宁可做个倒楣鬼!倒楣鬼有人爱,至少那是真正的爱!啊,不,我要有钱,那我可以看到她们了。唉,谁知道?她们两个的心都像石头一样。我把所有的爱在她们身上用尽了,她们对我不能再有爱了。做父亲的应该永远有钱,应该拉紧儿女的缰绳,像对付狡猾的马一样。我却向她们下跪。该死的东西!她们十年来对我的行为,现在到了顶点。你不知道她们刚结婚的时候对我怎样的奉承体贴!(噢!我痛得像受毒刑一样!)我才给了她们每人八十万,她们和她们的丈夫都不敢怠慢我。我受到好款待:好爸爸,上这儿来;好爸爸,往那儿去。她们家永远有我的一份刀叉。我同她们的丈夫一块儿吃饭,他们对我很恭敬,看我手头还有一些呢。为什么?因为我生意的底细,我一句没提。一个给了女儿八十万的人是应该奉承的。他们对我那么周到,体贴,那是为我的钱啊。世界并不美。我看到了,我!她们陪我坐着车子上戏院,我在她们的晚会里爱待多久就待多久。她们承认是我的女儿,承认我是她们的父亲。我还有我的聪明呢,嗨,什么都没逃过我的眼睛。我什么都感觉到,我的心碎了。我明明看到那是假情假意;可是没有办法。在她们家,我就不像在这儿饭桌上那么自在。我什么话都不会说。有些漂亮人物咬着我女婿的耳朵问:

——那位先生是谁啊?

——他是财神,他有钱。

——啊,原来如此!

"人家这么说着,恭恭敬敬瞧着我,就像恭恭敬敬瞧着钱一样。即使我有时叫他们发窘,我也补赎了我的过失。再说,谁又是十全的呢?

原文

(哎唷！我的脑袋简直是块烂疮！)我这时的痛苦是临死以前的痛苦,亲爱的欧也纳先生,可是比起当年娜齐第一次瞪着我给我的难受,眼前的痛苦算不了什么。那时她瞪我一眼,因为我说错了话,丢了她的脸;唉,她那一眼把我全身的血管都割破了。我很想懂得交际场中的规矩;可是我只懂得一样:我在世界上是多余的。第二天我上但斐纳家去找安慰,不料又闹了笑话,惹她冒火。我为此急疯了。八天功夫我不知道怎么办。我不敢去看她们,怕受埋怨。这样,我便进不了女儿的大门。哦！我的上帝！既然我吃的苦,受的难,你全知道,既然我受的千刀万剐,使我头发变白,身子磨坏的伤,你都记在账上,干今日还要我受这个罪？就算太爱她们是我的罪过,我受的刑罚也足够补赎了。我对她们的慈爱,她们都狠狠的报复了,像刽子手一般把我上过毒刑了。唉！做老子的多蠢！我太爱她们了,每次都回头去迁就她们,好像赌棍离不开赌场。我的嗜好,我的情妇,我的一切,便是两个女儿,她们俩想要一点儿装饰品什么的,老妈子告诉了我,我就去买来送给她们,巴望得到些好款待！可是她们看了我在人前的态度,照样来一番教训。而且等不到第二天！喝,她们为着我脸红了。这是给儿女受好教育的报应。我活了这把年纪,可不能再上学校啦。(我痛死了,天哪！医生呀！医生呀！把我脑袋劈开来,也许会好些。)我的女儿呀,我的女儿呀,娜齐,但斐纳！我要看她们。叫警察去找她们来,抓她们来！法律应该帮我的,天性,民法,都应该帮我。我要抗议。把父亲踩在脚下,国家不要亡了吗？这是很明白的。社会,世界,都是靠父道做轴心的;儿女不孝父亲,不要天翻地覆吗？哦！看到她们,听到她们,不管她们说些什么,只要听见她们的声音,尤其但斐纳,我就不觉得痛苦。等她们来了,你叫她们别那么冷冷地瞧我。啊！我的好朋友,欧也纳先生,看到她们眼中的金光变得像铅一样不灰不白,你真不知道是什么味儿。自从她们的

原文

眼睛对我不放光辉之后,我老在这儿过冬天;只有苦水给我吞,我也就吞下了!我活着就是为受委屈,受侮辱。她们给我一点儿可怜的,小小的,可耻的快乐,代价是教我受种种的羞辱,我都受了,因为我太爱她们了。老子偷偷摸摸地看女儿!听见过没有?我把一辈子的生命给了她们,她们今天连一小时都不给我!我又饥又渴,心在发烧,她们不来苏解一下我的临终苦难。我觉得我要死了。什么叫作践踏父亲的尸首,难道她们不知道吗?天上还有一个上帝,他可不管我们做老子的愿不愿意,要替我们报仇的。噢!她们会来的!来啊,我的小心肝,你们来亲我呀;最后一个亲吻就是你们父亲的临终圣餐了,他会代你们求上帝,说你们一向孝顺,替你们辩护!归根结蒂,你们没有罪。朋友,她们是没有罪的!请你对大家都这么说,别为了我难为她们。一切都是我的错,是我纵容她们把我踩在脚下的。我就喜欢那样。这跟谁都不相干,人间的裁判,神明的裁判,都不相干。上帝要是为了我责罚她们,就不公平了。我不会做人,是我糊涂,自己放弃了权利。为她们我甚至堕落也甘心情愿!有什么办法!最美的天性,最优秀的灵魂,都免不了溺爱儿女。我是一个糊涂蛋,遭了报应,女儿七颠八倒的生活是我一手造成的,是我惯了她们。现在她们要寻欢作乐,正像她们从前要吃糖果。我一向对她们百依百顺。小姑娘想入非非的欲望,都给她们满足。十五岁就有了车!要什么有什么。罪过都在我一个人身上,为了爱她们而犯的罪。唉,她们的声音能够打开我的心房。我听见她们,她们在来啦。哦!一定的,她们要来的。法律也要人给父亲送终的,法律是支持我的。只要叫人跑一趟就行。我给车钱。你写信去告诉她们,说我还有几百万家私留给她们!我敢起誓。我可以上奥特赛去做高等面食。我有办法。计划中还有几百万好赚。哼,谁也没有想到。那不会像麦子和面粉一样在路上变坏的。嗳,嗳,淀粉哪,有几百万好赚啊!你告诉她们有几百万决不是扯谎。她们为了贪心还是肯来的;我宁愿受骗,我要看到她们。我要我的女儿!是我把她们生下来的!她们是我的!"他一边说一边在床上挺起身子,给欧也纳看到一张白发凌乱的脸,竭力装作威吓的神气。

欧也纳说:"嗳,嗳,你睡下吧。我来写信给她们。等皮安训来了,她们要再不来,我就自个儿去。"

"她们再不来,"老人一边大哭一边接了一句,"我要死了,要气疯了,气死了!气已经上来了!现在我把我这一辈子都看清楚了。我上了当!她们不爱我,从来没有爱过我!这是摆明的了。她们这时不来是不会来的了。她们越拖,越不肯给我这个快乐。我知道她们。我的悲伤,我的痛苦,我的需要,她们从来没体会到一星半点,连我的死也没有想到;我的爱,我的温情,她们完全不了解。是的,她们把我糟蹋惯了,在她们眼里我所有的牺牲都一文不值。哪怕她们要挖掉我眼睛,我也会说:挖吧!我太傻了。她们以为天下的老子都像她们的一样。想不到你待人好一定要人知道!将来她们的孩子会替我报仇的。唉,来看我还是为她们自己啊。你去告诉她们,说她们临死要受到报应的。犯了这桩罪,等于犯了世界上所有的罪。去啊,去对她们说,不来送我的终是忤逆!不加上这一桩,她们的罪过也已经数不清啦。你得像我一样的去叫:哎!娜齐!哎!但斐纳!父亲待你们多好,他在受难,你们来吧!——唉!一个都不来。难道我就像野狗一样的死吗?爱了一辈子的女儿,到头来反给女儿遗弃!简直是些下流东西,流氓婆,我恨她们,咒她们;我半夜里还要从棺材里爬起来咒她们。嗳,朋友,难道这能派我的不是吗?她们做人这样恶劣,是不是!我说什么?你不是告诉我但斐纳在这儿吗?还是她好。你是我的儿子,欧也纳。你,你得爱她,像她父亲一样的爱她。还有一个是遭了难。她们的财产呀!哦!

原文

上帝！我要死了，我太苦了！把我的脑袋割掉吧，留给我一颗心就行了。"

"克利斯朵夫，去找皮安训来，顺便替我雇辆车。"欧也纳嚷着。他被老人这些呼天抢地的哭诉吓坏了。

"老伯，我到你女儿家去把她们带来。"

"把她们抓来，抓来！叫警卫队，叫军队！"老人说着，对欧也纳瞪了一眼，闪出最后一道理性的光。"去告诉政府，告诉检察官，叫人替我带来！"

"你刚才咒过她们了。"

老人愣了一愣，说："谁说的？你知道我是爱她们的，疼她们的！我看到她们，病就好啦……去吧，我的好邻居，好孩子，去吧，你是慈悲的；我要重重地谢你；可是我什么都没有了，只能给你一个祝福，一个临死的人的祝福。啊！至少我要看到但斐纳，吩咐她代我报答你。那个不能来，就带这个来吧。告诉她，她要不来，你不爱她了。她多爱你，一定会来的。哟，我渴死了，五脏六腑都在烧！替我在头上放点儿什么吧。最好是女儿的手，那我就得救了，我觉得的……天哪！我死了，谁替她们挣钱呢？我要为她们上奥特赛去，上奥特赛做面条生意。"

欧也纳搀起病人，用左臂扶着，另一只手端给他一杯满满的药茶，说道："你喝这个。"

"你一定要爱你的父母，"老人说着，有气无力地握着欧也纳的手。"你懂得吗，我要死了，不见她们一面就死了。永远口渴而没有水喝，这便是我十年来的生活……两个女婿断送了我的女儿。是的，从她们出嫁之后，我就没有女儿了。做老子的听着！你们得要求国会订一条结婚的法律！要是你们爱女儿，就不能把她们嫁人。女婿是毁坏女儿的坏蛋，他把一切都污辱了。再不要有结婚这回事！结婚抢走我们的女

原文

儿,教我们临死看不见女儿。为了父亲的死,应该订一条法律。真是可怕!报仇呀!报仇呀!是我女婿不准她们来的呀。杀死他们!杀雷斯多!杀纽沁根!他们是我的凶手!不还我女儿,就要他们的命!唉!完啦,我见不到她们了!她们!娜齐、但斐纳,喂,来呀,爸爸出门啦……"

"老伯,你静静吧,别生气,别多想。"

"看不见她们,这才是我的临终苦难!"

"你会看见的。"

"真的!"老人迷迷惘惘地叫起来,"噢!看到她们!我还会看到她们,听到她们的声音。那我死也死得快乐了。唉,是啊,我不想活了,我不希罕活了,我痛得越来越厉害了。可是看到她们,碰到她们的衣衫,唉!只要她们的衣衫,衣衫,就这么一点儿要求!只消让我摸到她们的一点儿什么!让我抓一把她们的头发……头发……"

他仿佛挨了一棍,脑袋往枕上倒下,双手在被单上乱抓,好像要抓女儿们的头发。

他又挣扎着说:"我祝福她们,祝福她们。"

然后他昏过去了。

(傅 雷 译)

赏析

巴尔扎克总是这样出手不凡!如若将作品《高老头》改编成影视剧,导演们可以毫不费力地将伏盖公寓内外的布局、陈设,原封不动地通过一个个镜头予以呈现。哪怕是那些公寓内次要的房客,凭借巴尔扎克对人物肖像、穿戴及神态惊人的细致描绘,只要忠实于原著即可凸显人物的特征。

赏析

他那些详尽细腻的描写或显冗长，但却毫无例外地让读者身临其境，近距离地体验那一部部撞击心灵的"人间喜剧"。

虽然作品以《高老头》命名，但高老头却并非小说中的绝对主人公。相比之下，拉斯蒂涅却占有相当的篇幅和举足轻重的地位。这个先后亲睹三人变故的年轻人，通过鲍赛昂夫人的失意见证了上流社会的虚伪，经由伏脱冷的教导领悟残忍的生存哲学，而高老头被弃的人间惨剧则令他抛弃最后一点温情和良知。这一再现于不同作品中的人物，原本设置为配角，但在他的贯穿下，高老头"被动"地放置在聚光灯下，让人不知不觉地生出怜悯和哀叹之情。

节选部分是高老头的重场戏之一。在这里，老人对女儿毫无保留的爱与临终前苦苦的等待乃至咒骂、进而祝福较为集中地浓缩了高老头的后半生。看似无能孱弱的老头听任别人的嘲弄，显得无助、无奈，对关系自身尊严的任何事情都无所谓的老人，将所有的生命都聚集在女儿身上。从选文第一部分可以看到，女儿危难时，他犹如一头雄狮，完全竖起了鬃毛，俨然是一个精力旺盛的积极的行动者。只要是为了满足女儿们的任何一点心愿，他都愿意全力以赴，甚至赴汤蹈火也在所不辞。如果说，巴尔扎克的时代，金钱是社会运转的轴心，那么，高老头所表现出来的强烈父爱恰恰作了一番深刻的例证：金钱社会仍然存在美好情感。而只认金钱不顾亲情的女儿，在父亲临终前的缺席却将最为珍贵的人间至爱践踏得无从辨识。资产阶级家庭中的脉脉温情就是如此脆弱，在冷冰冰的利益与权势面前它全然不堪一击。巴尔扎克不失时机地加上一句："我们和父亲在一起，就得整个儿给他。有时的确麻烦得很。"这忘恩负义的根源向读者预示了高老头不幸的未来，也许会让读者不禁打一个寒噤，为老人暗暗揪心。

自丧偶之后，高老头所有的情感完全寄托在两个爱女身上。他对孩子的父爱是无私的，但他至死才明白，是自己酿制了苦酒，他毫无原则的一味宠爱使得女儿的亲吻完全建立在金钱堆积的空中楼阁之上。他用金钱满

赏析

足女儿要求,换来的爱恰恰腐蚀了伦理上的情缘关系,使骨肉相连的血缘亲情变质异化,结局便注定为:一旦他成为"榨干的柠檬",追求权势金钱的女儿便翻脸不认。临终前的失望无疑给高老头致命一击,近乎歇斯底里的絮叨与作品对高老头本人的"忽视"形成鲜明的对比。巴尔扎克此时给予高老头充分的话语权,大段的呼唤、乞求、忏悔、咒骂让读者刻骨铭心,而最后归于临终前的一声"祝福",让人无限信服巴尔扎克对人物性格及其弱点的把握。与此同时,巴尔扎克通过高老头行将就木的挣扎,巧妙地展示了冷酷的社会现状。虽然个人的教育是遭到遗弃的原因之一,但毫无疑问,冷酷自私的社会环境是培植势利、荒淫的生活方式的温床。高老头风烛残年的惨剧发生于道德支柱土崩瓦解的时代,金钱和权欲的威力催生了神圣情感的物化,只可惜一意孤行的老头虽经历商海的沉浮,但对此视而不见,在暮年还执迷于人间真情。他对女儿的爱近乎痴情,甚至丧失了理性和尊严,只要能在女儿身边,"黄连也会变成甘草"。他豁出老命、抵押全部生活资源,帮助女儿"红杏出墙",张罗住处,自然也为自己几乎畸形的父爱押上了最后的赌注。从"两个女儿"同时在伏盖公寓出场这一章,高老头才算开始有了一个广阔的正面表演的舞台。巴尔扎克铆足气力,不再躲躲闪闪而是直接运笔表现高老头生命的最后历程。老头欢天喜地地为纽沁根太太安排新居,达到生命中最快乐的极点。同时,巴尔扎克仿佛故意"捉弄"这位可怜的人,毫不留情地在紧接的最后一章,让他完全跌入悲痛的深渊,伴随着物质财富的一无所有,他的精神支柱——女儿的爱彻底地不复存在,亲情、人性在金钱面前丧失殆尽,任凭高老头撕心裂肺地控诉、悔恨,他孤独的生命还是画上了句号,异乎寻常的父爱悲剧落下帷幕,清清楚楚地向拉斯蒂涅演绎了最后一课。选文中"老人的死",让高老头在生命尽头,名正言顺地成为与题名相符的作品的主人公。

巴尔扎克有条不紊地让每个人的故事自然流淌,其间情节线索却彼此交织,毫不单调乏味。他往往在浓墨重彩中不经意地叙说某一情节,同时

| 原文 |

又似有若无地铺陈着世态炎凉的种种案例。作为一名埋头笔耕的"能工巧匠",他用笔墨在平面的白纸上所建构的《人间喜剧》这一纷繁社会,故事相互照应,错落有致,其神来之笔,令读者过目难忘那一个个呼之欲出的人物,为善者不平,为弱者扼腕。巴尔扎克的笔触是现实的,但流淌的文字却处处以情动人。这位伟大的作家不放过任何一点细节,近乎苛刻地将读者"驱赶"到其精心设置的典型环境,从而进一步让读者服膺于作家的运笔,在掀起的酝酿已久的情感高潮中被一一"俘获"。燃烧自我的高老头,以无私的父爱向我们展示了爱的盲目,人情的残酷,父亲的精神干涸,女儿的自私冷漠,神圣的人伦情爱惨遭摧残踩躏,让读者在亲情之物化中喟叹人类精神的悲哀,折射出伟大作家的警世哲理、睿智思考。

(戴　岚)

幻　灭

| 作品提要 |

外省的大卫·赛夏从贪婪成性的父亲手中高价接下日渐衰弱的印刷所,专心致力于廉价纸板的发明。他天性柔和,心地高尚,爱上了同学吕西安的妹妹夏娃。吕西安渴望跻身上流社会,靠其外表和才华赢得贵族特·巴日东太太的欢心,后随她私奔巴黎。大卫一心为所爱的人谋幸福,并尽其所能筹款供给吕西安的奢侈花费。吕西安到巴黎很快就用尽了家人凑足的款项。受特·巴日东太太冷落之后,他经济拮据,后不听朋友警告投身新闻界。笔杆子的力量一度让吕西安看到报纸的威风,但此后的浪子生

原文

活让他进一步体会到"巴黎一切都由金钱决定"。他试图改换姓氏敲开贵族社会大门,却卷入党派争斗。他背叛自己所尊敬的朋友,也被那些受其攻击的贵族断送了前程。大卫原本安分守己的生活也因此受到牵连,并因吕西安拖欠的期票,跌入印刷所对手设置的陷阱,造纸发明几乎拱手相送,科学理想也最终放弃。

| 作品选录 |

一八二一年五月初,有一天下午两点光景,四五个工人离开工场去吃饭,大卫和吕西安正站在通后院的玻璃门后。学徒关上临街那扇装着小铃的门,大卫仿佛受不住纸张,墨缸,印刷机和旧木料的气味,把吕西安拉往后院。两人坐在葡萄棚下,地位正好望得见工场里是否有人进来。阳光在葡萄藤中闪烁浮动,笼罩着两个诗人,有如神像背后的光轮。那时,两种个性两副面貌的对比格外显著,给大画家看了准会技痒。长相像大卫那样的人注定要作剧烈的斗争,不管是轰轰烈烈的斗争还是无声无息的斗争。宽广的胸部,结实的肩膀,同各部分都很丰满的身体完全配合。肥胖的脸上血色很旺,带些紫色,脖子粗壮,一大堆乌黑的头发:粗看像波瓦洛赞美的那种教区委员;可是你再看一下他厚嘴唇上的皱纹,下巴上的窝儿,方鼻子的模样,鼻子两半边的骚动的表情,尤其那双眼睛,不难发觉他有一股专一的爱情在不断燃烧,还有思想家的智慧,忧郁而热烈的性情;他的头脑能纵览全局,又能洞察幽微,分析的能力使他对纯粹空想的乐趣容易感到厌倦。脸上有天才的闪光,也有火山脚下的灰烬;使他深深感觉到自己在社会上毫无地位,所以脸上看不出一点儿希望;多少杰出的人都是为了身世低微,没有财产而压在底下的。虽然印刷和知识密切相关,大卫却讨厌他的行业。这

原文

个身体笨重的西兰纳陶醉在诗歌和科学中间,借此忘掉外省生活的苦闷。在这样一个人物身边,吕西安的优美的姿势真像雕塑家设计的印度酒神。他脸上线条高雅,大有古代艺术品的风味:希腊式的额角和鼻子,女性一般的皮肤白得非常柔和,多情的眼睛蓝得发黑,眼白的鲜嫩不亚于儿童。秀丽的眼睛上面,眉毛仿佛出于中国画家的手笔,栗色的睫毛很长。腮帮上长着一层丝绒般的寒毛,色调正好同生来蜷曲的淡黄头发调和。白里泛着金光的太阳穴不知有多么可爱。短短的下巴颏儿高贵无比,往上翘起的角度十分自然。一口整齐的牙齿衬托出粉红的嘴唇,笑容像凄凉的天使。一双血统高贵的漂亮的手,女人看了巴不得亲吻,随便做个动作会叫男人服从。吕西安个子中等,细挑身材。看他的脚,你会疑心是女扮男装的姑娘,尤其他的腰长得和女性一样,凡是工于心计而不能算狡猾的男人,多半有这种腰身。这个特征反映性格难得错误,在吕西安身上更其准确。他的灵活的头脑有个偏向,分析社会现状的时候常常像外交家那样走入邪路,认为只要成功,不论多么卑鄙的手段都是正当的。世界上绝顶聪明的人必有许多不幸,其中之一就是对善善恶恶的事情没有一样不懂得。

　　两个年轻人因为处的地位特别低,愈加用自命不凡的态度批判社会;怀才不遇的人要报仇泄愤,眼界总是很高的。他们的结局因之比命中注定的来得更快,灰心绝望的情绪也更难堪。吕西安书看得不少,作过许多比较;大卫想得很多,思考很多。印刷商尽管外表健康、粗野,却秉性忧郁,近于病态,对自己取着怀疑的态度;不比吕西安敢作敢为,性情轻浮,胆量之大同他软绵绵的,几乎是娇弱的,同时又像女性一般妩媚的风度毫不相称。吕西安极其浮夸,莽撞,勇敢,爱冒险,专会夸大好事,缩小坏事;只要有利可图就不怕罪过,能毫不介意地利用邪恶,作为进身之阶。这些野心家的气质那时受着两样东西抑制:先是青春时期

原文

的美丽的幻想，其次是那股热诚，使一般向往功名的人先采用高尚的手段。吕西安还不过同自己的欲望挣扎，不是同人生的艰苦挣扎，只是和本身的充沛的精力斗争，不是和人的卑鄙斗争；而对于生性轻浮的人，最危险的就是卑鄙的榜样。大卫惑于吕西安的才华，一边佩服他，一边纠正他犯的法国人的急躁的毛病。正直的大卫生来胆小，同他壮健的体格很不调和，但并不缺少北方人的顽强。他虽然看到所有的困难，却决意克服，绝不畏缩；他的操守虽然像使徒一般坚定，可是心地慈悲，始终宽容。在两个交情悠久的青年之间，一个是对朋友存着崇拜的心，那是大卫。吕西安像一个得宠的女子，居于发号施令的地位。大卫也以服从听命为乐。他觉得自己长得笨重，俗气，朋友的俊美已经占着优势了。

印刷商心上想："牛本该耐性耕种，鸟儿才能无忧无虑地过活。让我来做牛，让吕西安做鹰吧。"

两个朋友把前途远大的命运联在一起，大约有三年光景。他们阅读战后出版的文学和科学的名著，席勒，歌德，拜伦，瓦尔特·司各特，约翰·保尔，柏济力阿斯，大维，居维埃，拉马丁等等的作品。他们用这些融融巨火鼓舞自己，写一些不成熟的作品做尝试，或者开了头放下来，又抱着满腔热诚再写。他们不断地工作，青春时期的无穷的精力从来不松懈。两人同样地穷，也同样地热爱艺术，热爱科学，忘了眼前的苦难，专为未来的荣名打基础。

…… ……

两小时以来，吕西安听见样样要靠金钱决定。不论在戏院里，书店里，报馆里，从来不提艺术和荣誉。造币厂的大锤子连续不断地砸在吕西安的头上心上。乐队奏着序曲，他不禁把池子里乱哄哄的掌声和嘘

> 原文

叫声,跟他在大卫的印刷所里体会的,恬静纯洁,诗意盎然的境界,作一个对比:那时他和大卫只看到艺术的神奇,天才的光辉的胜利,翅膀洁白的荣誉女神。他回想到小团体中的晚会,亮出一颗眼泪。

埃蒂安纳·罗斯多问道:"你怎么啦?"

吕西安回答说:"我看见诗歌掉在泥坑里。"

"唉!朋友,你还有幻想。"

"难道非得在这儿卑躬屈膝,侍候大腹便便的玛蒂法和加缪索,像女演员侍候新闻记者,我们侍候出版商一样吗?"

"小朋友,"埃蒂安纳咬着吕西安耳朵,指着斐诺说,"你瞧这个蠢家伙,既没思想,也没才气,可是贪得无厌,只想不择手段的发财,做买卖精明厉害,在道利阿铺子里要我四分利,还好像帮了我的忙……他收到一些有才气的青年写的信,为了一百法郎不惜向他下跪。"

吕西安厌恶透了,心里一阵抽搐,想起留在编辑室绿呢桌毯上的那幅漫画:斐诺,我的一百法郎呢?

"还是死的好!"他说。

"还是活的好!"埃蒂安纳回答。

幕启的时候,经理站起身来,往后台吩咐事情去了。

于是斐诺对埃蒂安纳说:"道利阿答应了,周报三分之一的股子归我,付他三万法郎现款,条件是我担任经理兼总编辑。这桩买卖好极了。勃龙台告诉我,上面正在起草限制新闻事业的法案,只允许现有的报纸维持下去。半年之内,要花一百万才能办一份新的报刊。所以我马上决定了,虽然手头只有一万法郎。要是你能叫玛蒂法拿出三万来买我一半股份,就是说认六分之一的股子,我让你当我小报的主编,两百五十法郎一月薪水。对外由你出面。编辑部的权我是始终不放弃的,我的利益也全部保留,只是表面上脱离关系。稿费作五法郎一栏算给你；你只付三法郎，再加上一些不要报酬的稿子，你每天有十五法郎外快，一个月就是四百五。报纸对人对事或者攻击，或者保护，都由我决定；你要放交情，出怨气，也可以，只消不妨碍我的策略。我或许加入政府党，或许加入极端派，此刻还不知道；可是我同自由党的关系暗地里仍要维持。因为你直心直肠，我什么话都告诉你了。我替另外一份报纸跑的国会新闻，说不定将来要让给你，我怕兼顾不了。所以你得利用佛洛丽纳做牵线工作，要她狠狠地逼一逼药材商；万一我凑不足款子，必须在四十八小时以内退股。道利阿把另外三分之一让给他的印刷所老板和纸店老板，作价三万。他白到手三分之一股子，还赚进一万，因为他统共只付出五万。可是一年之内，这份周报卖给宫廷好值二十万，假如宫廷真像外面说的那么聪明，想削弱新闻界的力量的话。"

罗斯多道："你运气真好。"

"要是你尝过我从前的苦处，就不会说这句话了。在这个时代，我倒的楣简直无法挽回：我是一个帽子师傅的儿子，我爹至今还在公鸡街上开店。要我出头，只有来一次革命，否则就得挣上几百万家私。不知道这两桩事情比起来，是不是革命还容易一些。如果我姓了你那朋友的姓，事情就好办了。嘘！经理来了，再见，"斐诺说着站起身子，"我要上歌剧院，明天要跟人决斗也难说：我写了一篇稿子，签上一个Ｆ，把两个舞女大大攻击了一阵。她们都有将军撑腰。我向歌剧院老实不客气开火了。"

"啊！为什么？"经理问。

"是吗，个个人都同我斤斤较量，"斐诺回答，"这个减少我的包厢，那个不肯订五十份报纸。我给歌剧院送了最后通牒，要他们付一百份订报费，每月给我四个包厢。要是成功了，我就有八百订户，一千份报纸的收入。我有办法再找两百订户，明年正月就有一千二了……"

原文

经理说:"这样下去,你要叫我们破产了。"

"你订了十份报就叫苦吗?我已经要《立宪报》替你登出两篇捧场文章。"

经理说:"我不怨你啊。"

斐诺接着说:"罗斯多,明儿晚上在法兰西剧院听你回音。那边有新戏上演;我没空写稿,报馆的包厢给你吧。我有心作成你,你为我累得满头大汗,我很感激。番利西安·凡尔奴愿意放弃一年薪水,出两万法郎买我报纸三分之一的股份;我可喜欢一个人做主。再会了。"

吕西安对罗斯多说:"这个人姓斐诺倒也名副其实。"

"噢!这该死的家伙一定出头。"埃蒂安纳说,不管那正在关包厢门的精明角色听见不听见。

经理道:"他吗?……将来准是百万富翁,到处有人尊重,说不定还有朋友……"

吕西安道:"我的天哪!简直是强盗世界!你真的为这件事叫这个甜姐儿做说客吗?"他指着佛洛丽纳说。佛洛丽纳正在向他们飞眼风。

罗斯多回答:"并且她准成功。你才不知道这些可爱的姑娘多忠心,多聪明呢。"

经理接着说:"她们爱起人来,那种爱情简直没有穷尽,没有边际,把她们所有的缺点,过失,都抵消了。女演员的热情同她的环境是个极强烈的对比,所以更动人。"

罗斯多说:"那好比在污泥之中找到一颗钻石,有资格镶在最尊严的王冠上。"

经理说:"哎,不好了,高拉莉在台上心不在焉。我们的朋友被高拉莉看上了,他自己不觉得。她的花招儿使不出来了,已经忘了对答,两次提示都没听见。先生,坐这边来。要是高拉莉爱上了你,我叫人告诉

原文

她说你走了。"

罗斯多说:"不!还是告诉她这位先生等会参加消夜,听凭她支配,那她就演得同玛斯小姐一样了。"

经理走了。

吕西安对罗斯多说:"朋友,斐诺花三万法郎买来的股份,你怎么下得了手,要佛洛丽纳小姐劝药材商拿出三万来买一半呢?"

吕西安来不及说完理由,被罗斯多拦住了。

"亲爱的孩子,你真是乡下佬!那药材商又不是人,不过是爱情送来的一口银箱!"

"你的良心呢?"

"朋友,良心这根棍子,我们用来专打别人,不打自己的。哎啊!你闹什么别扭啊?我等上两年的奇迹,你运气好,一天之中就碰上了,倒讲起手段来了!我只道你是聪明人,在这个社会里准会像闯江湖的知识分子一样,思想很洒脱;谁知你牵出良心问题,仿佛修女埋怨自己吃鸡子的时候动了贪欲……佛洛丽纳把事情办成了,我就是总编辑,按月有二百五十法郎收入,专跑大戏院,把一些歌舞剧院让给凡尔奴,大街上这几家戏院交给你,你不是上了路吗?三法郎一栏稿费,你每天写一栏,一个月三十栏,便是九十法郎;还有六十法郎样书卖给巴贝;再向戏院按月要十张送票,一共四十张,卖给戏剧界的巴贝,收进四十法郎,做戏票买卖的人我自会替你介绍。这样你每月有两百法郎了。再帮衬一下斐诺,还能在他新买的周报上发表一篇一百法郎的稿子,如果你才能出众的话;因为那儿要正式署名,不比在小报上写稿好胡扯。那时你每月就有三百法郎。亲爱的朋友,便是一般真有才能的人,比如天天在弗利谷多铺子吃饭的可怜的大丹士,也要熬上十年才能挣到这个数目。凭你一支笔,一年稳收四千法郎;倘若再替书店写稿,还有别的进款。

一
原文
一

一个县长只拿三千法郎年俸,待在县里不死不活。我不谈看白戏的乐趣,那是你很快就要厌倦的;可是四家戏院的后台让你自由进出。开头一两个月,不妨态度严厉,口角俏皮,人家便争着请你吃饭,和女戏子们一同玩儿;她们的情人都要来巴结你;你只有袋里空空如也,连三十铜子都掏不出,外边也没有饭局的时候,才上弗利谷多铺子。今天下午五点,你在卢森堡公园无聊得要死,明儿就有希望变做特权阶级,上百个统制法国舆论的人中间有你一个。要是我们的事情成功了,不出三天,你就能用三十句刻薄话,每天发表两三句,叫一个人坐立不安,过不了日子;你的吃喝玩乐全在你跑的几家戏院的女演员身上。你能把一出好戏打入冷宫,叫一出坏戏轰动巴黎。如果道利阿不肯印你的《长生菊》,也不送你一笔钱,你可以叫他低声下气地上你那儿,出两千法郎买去。只消你有才能,在三家不同的报纸上登出三篇稿子,拿道利阿的几笔大生意或者他打算畅销的一部书开刀,他要不爬上你的阁楼,像藤萝般缠着你不放才怪!还有你的小说,此刻个个出版商把你敷衍两句送走,将来他们会到你府上去排队,把道格罗老头只估四百法郎的原稿抬价抬到四千!这是当新闻记者的好处。因此我们不让新人接近报馆。要进新闻界,不但要有才能,还得运气好。没想到你跟你的好运闹别扭!……不是吗?咱们俩今天要不在弗利谷多铺子见面,你还得像大丹士那样在阁楼上待三年,或者干脆饿死。等到大丹士像裴尔一样博学,成了卢梭那样的大作家,我们早已挣了家业,能支配他的家业和声名了。那时斐诺当上议员,做了一家大报馆的老板,而我们也都称心如意了:不是进贵族院,便是背了债进圣德—贝拉奚。"

"那时,斐诺把他的报纸卖给出价最高的部长,正如他此刻把吹捧的话卖给巴斯蒂安纳太太,阴损几句维奚尼小姐,告诉读者,巴斯蒂安纳的帽子比报上早先称赞过的维奚尼做得高明!"吕西安这么说着,想

幻灭

原文

起他亲眼目睹的一件事。

"朋友,你是个傻瓜,"罗斯多冷冷地回答。"三年以前,斐诺走在街上只有靴筒,没有靴底,在塔巴饭店吃十八铜子一顿的饭,为了挣十个法郎替人写商品的仿单;他的礼服怎么还能穿在身上,竟像圣灵感应的怀胎一样,是个猜不透的秘密。如今斐诺有一份独资的小报,值到十万;有白送报费不要报纸的订户;除了正式的订报收入,还有他舅舅代抽的间接税;这两项给斐诺两万法郎一年收入,天天吃着山珍海味的酒席,从上个月起有了自备马车;明儿又要当一份周报的经理,白到手六分之一股权,每月五百法郎薪水,还能揩油上千法郎稿费,人家尽义务写的文章,他叫股东们照样付钱。倘若斐诺答应给你五十法郎一页,你第一个会高高兴兴替他白写三篇稿子。等你爬到差不多的地位,你再来衡量斐诺吧,一个人只能受同等地位的人衡量。如果你闭着眼睛跟你的帮口走,斐诺喝一声打,你就打,喝一声捧,你就捧,包你前途无量!你要报仇出气,只消和我说一句:罗斯多,揍死这家伙!咱们就在报上每天登一句两句,叫你的敌人或者朋友不得超生。你还能在周报上发表一篇长文章拿他再开一次刀。万一事情对你关系重大,而斐诺觉得少不了你的话,他会让你利用一家有一万到一万二订户的大报,把你的敌人一棍子打死。"

吕西安听得入迷了,说道:"那么你认为佛洛丽纳一定能叫药材商做这笔交易了?"

"当然啰。现在正是休息时间,我先去嘱咐她两句,事情今夜就好决定。经过我指点,佛洛丽纳除了她自己的聪明,还会把我的聪明一齐用上去。"

"嗳,这老实的商人在那里张着嘴欣赏佛洛丽纳,做梦也没想到人家要算计他三万法郎!……"

> 原文

　　罗斯多道:"你又说傻话了！为什么不干脆说我们抢劫呢？可是,亲爱的,如果政府收买报纸,药材商的三万本钱十个月之内可能变成五万。何况玛蒂法目的不在于报纸,他只为佛洛丽纳着想。外边一知道玛蒂法和加缪索做了某某杂志的老板,因为这笔交易他们俩要合做的,所有的报刊都会说佛洛丽纳和高拉莉的好话。佛洛丽纳马上出名,说不定别的戏院会出一万两千包银和她订合同。玛蒂法也不必再请客,送礼,每个月在记者身上好省掉千把法郎。你不了解人,也不懂生意经。"

　　吕西安道:"可怜的家伙！他原是想快快活活过一夜的呢。"

　　罗斯多接口说:"佛洛丽纳却要搬出一大堆理由来跟他缠绕不休,直到他买下斐诺的股份,给佛洛丽纳看到收据为止。这么一来,我第二天便当上总编辑,一个月挣到上千法郎了。我的苦日子过完啦!"佛洛丽纳的情人叫起来。

　　罗斯多离开包厢,丢下神思恍惚的吕西安,让他去胡思乱想,在现实世界的上空飘飘荡荡。外省诗人见识了出版界在木廊商场的把戏和猎取声名的手段;又在戏院后台走了一遭,看到漆黑的良心,巴黎生活的关键,各种事情的内幕。他眼睛欣赏台上的佛洛丽纳,心里羡慕罗斯多的艳福,一忽儿已经把玛蒂法忘了。他愣在那里说不出有多久,也许只有五分钟,他却觉得长得无穷无尽。火热的念头烧着他的心,女演员的形象挑起他的欲火:淫荡的眼睛四周涂着胭脂,白得耀眼的胸脯,妖艳的短裙,肉感的绉裥,裙子底下露出大腿,穿着绿头绿跟的红袜子,有意刺激台下的观众。两股腐蚀的力量齐头并进,向吕西安直扑过来,仿佛两条瀑布要在洪水中汇合;诗人坐在包厢的一角,胳膊放在包红丝绒的栏杆上,耷拉着手,定睛望着台上的幕,听凭那两股力量吞噬;因为以前过着用功,单调,隐晦的生活,像一片深沉的黑夜,此刻受着又有闪

原文

光,又有乌云,像烟火般灿烂的生活照耀,他愈加支持不住了。

(傅 雷 译)

赏析

在《人间喜剧》中,巴尔扎克以细腻的笔触、人物再现的独特技法,载录了资本主义社会中的人情冷暖,镂刻了一个个追名逐利的鲜活身影,再现了那个时代的真实画面。在其近百部的小说中,《幻灭》具有特别重要的地位,连作者自己也说它"规模宏大",而且"充分表现了我们的时代"。

长篇小说《幻灭》为三部曲。第一部以"两个诗人"的先后出场拉开故事的序幕,吕西安·夏同与大卫·赛夏,两人雄心勃勃,作家用写实的笔触、白描的手法刻画了两个人物的外貌特征:后者身体丰满结实,而前者天生的俊美让大卫略感自卑。在节选部分,巴尔扎克不吝笔墨地描画着他的两个主人公:吕西安——颇具诗才,可是本性怯懦,好高骛远。作家毫无掩饰之情,几乎是以"含情脉脉"的异性眼光"贪婪"地欣赏着吕西安的容貌身姿;在才情、友情、性情的呈现中,与"印度酒神"交相映衬的则是另一个有抱负的青年——吕西安的妹夫大卫·赛夏。敦实憨厚的大卫,高价接手了吝啬父亲留下的印刷所,不擅经营却仍待在本乡埋头苦干,执著于科学研究,在尔虞我诈的竞争世界之中,结果如何,读者从其性格描画中不难预料。

作家在小说开场便运用了全知全觉的特权,预示了两位志趣相同的年轻人的不幸未来:大卫——"注定要作剧烈的斗争,不管是轰轰烈烈的斗争还是无声无息的斗争",结果,胸怀高洁的发明家无法抵挡印刷业的竞争,他的造纸成果也被奸刁对手无耻剽窃;吕西安生性轻浮,"专会夸大好事,缩小坏事;只要有利可图就不怕罪过,能毫不介意地利用邪恶作为进身之阶",他最终把亲人凑够的钱挥霍殆尽,不得不过上贫困的生活。后来他跻

赏析

身巴黎新闻界,从此跌入报痞文氓的泥潭生活,招致身败名裂的结局……巴尔扎克本人历经种种生活的磨砺,债务的拖累,高利贷、出版商的追逼让他身心疲惫,但这些深切感受源源不断地转化为无比丰富的创作灵感。作者的描写是朴实的,丝毫没有卖弄玄虚,而是明白无误地袒露了两个未经社会染污的外省青年的单纯、渴望成功的热忱。如果把这"两个诗人"的结局归结为性格悲剧,那么,对他们精雕细刻的形象刻画便是最好的注脚。巴尔扎克此次经营的故事"朴实"得出奇,之后的情节发展完全不出读者所料——大卫依着其执拗本性进行科学实验,吕西安虚荣追求则令他抛弃艺术良知。两人不同的价值选择是形象及性格对照基础上的进一步延伸,同样踌躇满志,走着各不相同的奋斗之路,却又不约而同地通往失败的境地,有他们自身性格原因,又于无声处把问题的根源指向了社会生活。巴尔扎克几经沉浮的青年时代的奋斗,幻化为"两个诗人"的身影,我们或许可以将两个人物看做作家的两个侧面。他基于实际,从生活真实出发,在创作中始终保持着清醒的头脑,有节制地控制着自己的同情心,对吕西安的弱点作无情甚至刻薄的揭露,对大卫无私奉献的高尚品质的钦佩溢于言表。但这并没有左右人物的命运,小说仍以美好理想、追求荣名的失败告终。作家对生活现实的尊重,更显幻灭结局的悲剧性的感染力,所选片段的精雕细刻正为小说的情节发展铺垫着坚实的基础。

巴尔扎克作为现实主义作家,忠实地担当了法国风俗史书记员这一角色。作为外省生活的最后一个场景,《幻灭》展示了动荡的社会状况,这是包括作品中两位年轻人在内的社会活动的大背景,也是一代青年理想幻灭的现实土壤。作品第二部自然而然地进入了扼杀青春才能的罪恶之地。要理解吕西安的堕落和梦想幻灭的来龙去脉,必须紧紧把握这一典型人物所处的典型环境。"两小时以来,吕西安听见样样要靠金钱决定。"巴尔扎克作品描绘的是以金钱为枢纽运转着的名利场,此处,作家透过吕西安的视角体验金钱的魔力。吕西安要扬名、要逐利,从他追随特·巴日东太太

赏析

私奔巴黎起,巴黎的社会生活场景对意志薄弱的青年的腐蚀也随之开始。节选的后半部分(药材商的用处)就比较集中地展现了吕西安身处的环境,通过与交往的朋友的几番对话,读者可以强烈地感受到什么是近朱者赤、近墨者黑,他的良心、良知和灵魂,在眼见的生存环境中渐渐地发生蜕变。这一节只是他初涉报界,却从"同仁"们的言传身教中背弃了"洁白的荣誉女神"。起初还为"诗歌掉在泥坑里"痛心,转眼便听任"造币厂的大锤子"连续不断地砸在自己的头上心上;他起先还叩问"良心呢",到后来却听得入迷了,聆听记者罗斯多对报界坦诚的"真情告白",火热的念头焚烧着吕西安的良知。面对诱惑,他毫不犹豫地跨入了同流合污的门槛,清寒执著奋斗的小团体的朋友们已经无法让他悬崖勒马,只有任其越陷越深。吕西安是如何落入泥坑,读者可以从他步入新闻界之始这一段的精彩描绘初见端倪。对丑恶的新闻界这一典型环境的深入剖析,我们可以体会到巴尔扎克描画典型环境时力透纸背的功力。

巴尔扎克的作品往往富有神来之笔,如同老葛朗台在行将就木前的细节处理,《幻灭》中也不乏入木三分的点睛之词。作家往往用细微的心理变化来反映灵魂渐变的微妙瞬间。因为有了前期对吕西安性格介绍的完整铺垫,在这一典型环境中,吕西安如何由最初的厌恶、反思,然后在挡不住的诱惑面前、在野心的煽动下放弃清清白白做人的原则,抛弃了高洁的艺术理想,借由作家不失时机的心理刻画,主人公蜕变堕落已是大势所趋,难以避免,其幻灭的结局亦尽在情理之中。作品让读者在写实的篇章中亲眼目睹主人公的堕落史,从中可以充分感受巴尔扎克这位现实主义大师在编绘时代画卷时,忠于生活真实的艺术良知和揭露社会痼疾的勇气与魄力。

(戴　岚)

| 原文 |

亚尔培·萨伐龙

| 作品提要 |

年轻有为的律师亚尔培·萨伐龙帮助勃尚松僧侣会打赢了官司,在勃尚松扬名。花花公子特·苏拉为了金钱而追求特·华德维夫妇的女儿洛萨莉,洛萨莉却倾心于萨伐龙。萨伐龙发表的小说中记叙了自己(小说中化名为洛道夫)与流亡的意大利公主法朗采斯加相识相恋的故事。法朗采斯加少时就嫁给了65岁的老公爵,虽对萨伐龙有情,却不愿逃避婚姻的责任。萨伐龙一边努力奋斗出人头地,一边耐心"等着从时间手里"得到法朗采斯加。洛萨莉知道萨伐龙心有所属后伤心又嫉妒,她偷看了两人的来往信件,还以假造信件的方式挑拨二人关系。最终,老公爵去世后,法朗采斯加另嫁他人,萨伐龙也心灰意冷进入了修道院。

| 作品选录 |

在王政时代,特·华德维男爵夫人的府第,是勃尚松总主教来往而颇有感情的几处沙龙之一。这位太太,简括一句,算是勃尚松妇女界顶有势力的人物。

特·华德维先生是大名鼎鼎的华德维的侄孙。那位过去的华德维又是杀人犯和叛教徒中最幸福最显赫的一个,古古怪怪的轶事,讲起来未免太偏于掌故了。叔祖是捣乱得厉害,侄孙却安静到极点。在贡台这一郡里过着蛀虫在板壁时那样的生活之后,他娶了望族特·吕泼家的独养女儿。特·吕泼小姐把年收二万法郎的田产,和华德维岁入一万法郎的不动产联合了起来。瑞士贵族的盾徽(华德维祖籍是瑞士),

原文

给嵌入特·吕泼家老盾徽的中心。这件从一八〇二年就决定的婚事，直到一八一五年第二王政时代以后才履行①。特·华德维夫人生下一个女儿三年之后，母家的祖父母辈全都下世，遗产清算完了。华德维家便把老屋出卖，搬进州公署街特·吕泼家美丽的府第，大花园一直伸展到石梯街那边。华夫人在家时是虔诚的姑娘，婚后更其来得虔诚了。她是居士会里女后之一，这个社团给勃尚松的高等社会蒙上一副阴沉的面貌，一派假贞节的态度，跟这个城的性格正好调和。

特·华德维男爵先生是一个枯索的男人，没精打采的，迟钝的，好像疲乏已极，可不知给什么弄乏了的，因为他有的是颠顶愚昧的福气；但因他的太太是一个头发金褐色的女子，性格的冷酷变成了话柄（"像华德维太太一样的尖刻"这句话，至今还有人说），所以司法界里几个爱打趣的便说，男爵是给这块岩石弄乏了的。吕泼这个字，在拉丁文里的语源，确是岩石的意思。一般观察社会深刻的人，定会注意到洛萨莉是华德维和特·吕泼两家联姻后唯一的结晶品。

特·华德维先生的生活，消磨在一所富丽的车床工场里，整天地车磨着。补充这生活的，是他欢喜集藏的脾气。一般研究疯狂的哲学家医生，认为这种收藏癖集中在零星小件上时，即是精神失常的初步。华德维男爵搜罗贝壳，昆虫和勃尚松地区的地质断片。有些好持异议的人，尤其是妇女，提到特·华德维先生时总说："他真高尚呀！"从初婚起他就看到不能制胜妻子，便专心于机械的工作和讲究的饮食了。

特·吕泼的府第不乏相当的豪华，堪和路易十六的壮丽匹配，显出一八一五年上两大世家混合起来的贵族气息。府内闪耀着一种古老的奢华，够得上古董的资格。雕成树叶形的水晶挂灯，中国绸缎，大马士革的绫罗，地毯，金漆的家具，一切都跟古老的号衣古老的仆役调和。虽然用的餐具是家传的黝黑的银器，餐桌正中放着大玻璃盆，四面围着

原文

萨克司出品的瓷器，肴馔却精美非常。华德维先生为了消遣和调剂生活起见，躬自做厨房与酒窖的提调，他挑选的酒，在一州里颇负盛名。特·华德维夫人的财产是很重要的，因为她丈夫的一份，只是露克赛的田地，岁入一万法郎左右，从没增加过一笔遗产。毋须特别提的，是特·华德维夫人和总主教间亲密的交情，使她府上常有教区里三四位优秀的有风趣的神甫出入，都不讨厌吃喝。

一八三四年九月初，在不知为了什么大庆而举行的一次盛宴中，正当太太们团团围在客厅炉架前面，先生们一组组地站在窗框前面时，仆役忽然通报特·葛朗赛神甫来到，他一出现，全场便起了一阵欢呼。

"唔，喂！那件官司呢？"有人对他嚷道。

"赢了！"这位副主教回答。"我们本已绝望的法院判决，您知道为什么……"

这句话是指一八三〇年以后的法院组织，正统派几已全部辞职。

"判决书宣告我们全盘胜诉，把初审的判决变更了。"

"大家以为你们是输定了呢。"

"没有我，的确输定了。我把我们的律师打发到巴黎去，正当要上庭交手的时候，我找到一个新律师，靠了他才打赢了，一个了不起的人物……"

"在勃尚松吗？"特·华德维先生天真地发问。

"在勃尚松。"特·葛朗赛神甫回答。

"啊！不错，是萨伐龙。"坐在男爵夫人近旁的一位俊俏的青年，名叫特·苏拉的说。

"他花了五六夜功夫，消化那些文件那些案卷；跟我商议了七八次，每次都是好几小时，"特·葛朗赛神甫——他从二十天以来还是初次在特·吕泼府上露面呢——接下去说，"终于，萨伐龙先生把我们的敌人

原文

从巴黎请来的名律师完全打败了。这个青年人真是奇妙,据推事们说。这样,僧侣会获得了双重的胜利。第一它在法律上得胜了,第二它战胜了市政府的辩护人,就是在政治上战胜了自由主义。我们的律师说:'我们的敌人不该以为毁坏总主教区的利益会到处受人欢迎……'庭长不得不迫令听众默静。所有的勃尚松人都拍手叫好。于是旧修道院的房产,仍归勃尚松大寺的僧侣会管理。萨伐龙先生并且在离开法院时邀请他的巴黎同僚吃饭。那位同僚接受之下,对他说:'谁得胜,谁荣耀呀!'还毫无怨恨地祝贺他的胜利。"

"您从哪儿觅来这个律师呢?"特·华德维夫人问。"我从没听人提过这名字。"

"可是您从这里就可望见他的窗子,"副主教回答。"萨伐龙先生住在石梯街,他的花园跟府上只隔一堵墙。"

"他不是贡台郡人。"特·华德维先生说。

"他什么地方的色彩都没有,简直不知是哪儿人。"特·夏洪戈夫人说。

"那末他是什么呢?"特·华德维夫人说着,一边挽着特·苏拉先生的胳膊向餐室走去。"假如他是外乡人,什么机缘会使他定居在勃尚松?在一个律师,这真是挺古怪的念头。"

"挺古怪的念头!"年轻的阿曼台·特·苏拉应声说。

……………

傍晚他坐了小艇游湖,沿着土岬,一直到勃罗奈,到歇费兹,回来已是黑夜降临时分。远远里他瞥见窗子打开着,灯火大明,听到钢琴声和嗓音曼妙的歌声。于是他停下来,听着唱得出神入化的意大利曲调,悠然神往。歌声住后,洛道夫上岸把船和两个船夫打发了。他不怕弄湿

原文

脚,去坐在给湖水侵蚀的花岗石礁上,背后是有刺的皂角树排成浓密的篱垣,篱内是裴格曼家的一条走道,道旁种着还没长成的菩提树。一小时以后,他听见有人在头上一边走一边讲,但传到耳边来的是意大利语,两个女子,两个少女的口音。他趁谈话的人走在园中小径的一端时,无声无息地爬到另外一端。经过半小时的努力,他居然达到小径的尽头,拣了一个他可瞧见她们而她们迎面来时瞧不见他的地位。他发觉两个女子中的一个便是那哑巴,不禁大为诧怪,她和勒佛雷斯小姐讲着意大利语。那时正是晚上十一点。湖面上与屋子周围静悄悄的没有一点声息,两个女子自以为万分安全:越梭全镇只有她们俩的眼睛还未阖上。洛道夫认为小姑娘的哑巴是不得已的伪装。听她们讲意大利语的腔调,洛道夫猜她们便是意大利人,所谓英国人是假的。

"这是些亡命的意大利人喔,"他心里想,"一定害怕奥国的或撒地尼亚的警察。那少女要到黑夜里才能太太平平地出来散步和谈话。"②

立刻他沿着篱垣躺下,蛇行着想从两株皂角树的根隙间找一条路。趁那冒充的法尼小姐和假装的哑巴走在小径另一头时,他顾不得弄坏衣服或刺伤背脊,穿过了篱垣;月色甚明,他正躲在阴暗里,当她们走近到只离他一二十步而无法看见他时,他蓦地站了起来。

"不用怕,"他用法语对意大利女子说,"我不是间谍。你们是逃亡者,我猜着了。我是法国人,被您瞧了一眼而在越梭耽下来的。"

说至此,洛道夫腋下给一件钢铁的东西击中了,痛得马上倒在地下。

"把他缚了石头往湖里丢。"那可怕的哑巴说。

"哟!奚娜。"意大利姑娘叫了起来。

"还好没打中要害,"洛道夫说着,从伤口拔出一支中在下肋骨上的短剑;"再高一些,就直进我心窝去了。怪我不好,法朗采斯加,"他记起

原文

奚娜说过好几遍的这个名字,"我不怨她,别责备她:能够同您交谈这种福气,的确值得受此一击!不过,请您引路,我得回史多弗家去。你们放心,我决不声张。"

法朗采斯加惊疑定后,帮助洛道夫站起身子,对饱含着泪水的奚娜说了几句。两个女子硬要洛道夫坐在一张凳上,卸下外衣,背心,领带。奚娜揭开他的衬衣,把创口深深地吮吸了一会。法朗采斯加跑去拿了一大方英国绷带来蒙住了伤口。

"您这样可以回家了。"她说。

她们俩每人扶着他一条胳膊,把洛道夫搀送到一扇小门口,钥匙就在法朗采斯加胸衣袋里。

"奚娜懂得法语吗?"洛道夫问法朗采斯加。

"不懂的。可是您别慌。"法朗采斯加说,稍稍带着不耐烦的口气。

"让我看您一看,"洛道夫感动地回答,"也许我要长久不能再来……"

他靠在小门的一根柱头上,端相着美丽的意大利姑娘,她也让他看了一会,在此最幽美的静寂里,在此瑞士诸湖中最美的湖上所遭逢的最美的良夜。法朗采斯加确是古典的意大利女子,就像你所幻想的,虚拟的,或者说是你所梦见的那种意大利女子。第一吸引洛道夫的是典雅妩媚而婀娜多致的身段,纤弱的外表掩藏不了结实的躯干。红里泛白的面色,表示她受着突然的刺激,但那双潮润的,绒样的乌黑眼睛,依旧流露出一股肉感。一双手,希腊雕塑家雕在光滑的石像上的一双最美的手,扶着洛道夫的胳膊;雪白的肤色映在黑衣服上格外分明。冒昧的法国人只窥见一张微嫌太长的椭圆脸形,忧郁的嘴巴半开着,在两片宽阔鲜红的唇间露出一排光彩照人的牙齿。线条的美,保障了法朗采斯加这种光辉的持久性;但最使洛道夫动情的,乃是那种可爱的潇洒,乃

原文

是这姑娘整个儿沉浸于同情心时的意大利风的爽直。

法朗采斯加嘱咐了奚娜一句,奚娜便扶着洛道夫送到史多弗家门口,拉了门铃,一溜烟地逃了,赛似一只燕子。

"这些爱国党人下起手来可真辣!"洛道夫躺在床上觉得痛楚时这么想。"往湖里丢!奚娜要在我脖子里缚了石头沉在湖里呢!"

天亮之后,他派人到吕赛纳请最好的外科医生;医生来了,他要他严守秘密,说是名誉攸关。雷沃博游览回来那天,正逢他的朋友开始起床。洛道夫对他编了一个故事,托他到吕赛纳去取行李信件。不料洛道夫带来了最凶恶最残酷的消息:洛道夫的母亲死了。当两个朋友从熊城到吕赛纳,再从吕赛纳向弗吕仑出发那天,雷沃博的父亲所写的这封报丧信就到在那里。虽然雷沃博有着预防,洛道夫仍旧受不住刺激,死去活来大发了一场。未来的公证人一等朋友脱离险情,便揣着全权委托书动身回法国。这样,洛道夫可以留在越梭,世界上唯一可抚慰他的痛苦的地方。这法国青年的处境,绝望,以及使他的丧母特别难受的情况,传遍了越梭镇,引起关切和同情。假装的哑巴每天早上来看一次法国人,把他的病况报告她的女主人。

洛道夫能够出门时,就去裴格曼家谢法尼·勒佛雷斯及其父亲的关切。自从搬进裴家以来,意大利老人还是第一遭放一个陌生人进门;洛道夫凭着新丧和教人放心的法国人资格③,受到极诚恳的招待。在这初次的夜会上,法朗采斯加在灯光之下显得那么娇艳,在这颗颓丧的心中无异射入了一道光明。她的笑容在他的哀伤上缀上一朵希望的蔷薇。她唱歌,却不唱快乐的曲调,而专挑一批适配洛道夫心境的庄严高远的音乐。他领会到这种体贴的用心。八点左右,老人让两个青年单独相对,没有一些疑虑的神色,径自回房去了。法朗采斯加唱歌唱乏了时,把洛道夫领到外边回廊上,对着壮丽的湖山,教他坐在一张粗木凳

原文

上,靠近着她。

"亲爱的法朗采斯加,我可以冒昧问您的年纪么?"洛道夫说。

"足十九岁。"她答道。

"假如世界上能有什么东西可以减轻我痛苦的话,"他接着说,"那将是希望从您父亲那边得到您。不管你们的经济状况怎样,我觉得像您这样慈悲,您比王者的女儿还更富有。我颤抖着吐露出您在我心中所引起的情操:那是深邃的,永久的。"

"嘘!"法朗采斯加把右手的一只手指放在唇边说,"别再往下说了:我已经不自由,我已出嫁了三年……"

他们之间深深地静默了一会。当意大利姑娘觉得洛道夫的姿势可怕时,发现他已晕过去了。

"可怜的!"她心里想,"我还当他是冷淡呢。"

她去找了盐来放在洛道夫的鼻孔前,把他救醒了。

"嫁了!……"洛道夫眼望着法朗采斯加说,眼泪直流。

"孩子,"她说,"还有希望。丈夫年纪……"

"莫非八十岁了?……"洛道夫问。

"不,"她微笑着回答,"六十五。他装作老态龙钟来瞒过警察的。"

"亲爱的,"洛道夫说,"再来几下这一类的刺激,我就要死了……非认识我二十年,决不能知道我这颗心有何等威力,不能知道这颗心追扑幸福的热诚是何等性质。"他又指着栏外的茉莉树说,"这株树向阳光舒展时,并不比我一个月来对您的恋慕,会施展出更蓬勃的活力。我用专一的爱情爱着您。这专一的爱情将是我生命的内在的原则,我也许要为之而送命!"

"噢!法国人啊,法国人啊!"她微噘着嘴装做不相信的神气叫着。

"不是要从时间手里等着您、得到您么?"他严肃地接着说,"可是您

原文

记住：如果您刚才的话是真诚的，那末我将忠实地等您，不让任何旁的感情进入我的心。"

她狡狯地望着他。

"什么都不让它进我的心，"他说，"连逢场作戏都不许。我得挣我的家业，应该为您富丽堂皇地端整一份，您天生是一位公主……"

听到此，法朗采斯加不禁微微一笑，在她脸上添了一重最迷人的表情，仿佛伟大的达·芬奇在《莫娜·丽莎》上描绘得那么奇妙的神气。这笑容使洛道夫停了一会。

"……是的，"他继续说着，"您现在为了逃亡，不得不过窘迫的生活。啊！倘使您愿我比旁人更幸福，使我的爱情超凡入圣的话，请您当我作朋友看待。我不是也该成为您的朋友么？我可怜的母亲留下六万法郎积蓄，您分一半去可好？"

法朗采斯加定睛望着他，目光直透入洛道夫的心底。

"我们什么都不需要，我的工作足够我们享受。"她用着严肃的声气回答。

"可是法朗采斯加工作，我受得了么？"他嚷道，"一朝等您回到本国，收回您丢下的财产时……"说至此，法朗采斯加望着洛道夫。"您可把借我的钱还我。"他这么说着，又体贴地望了她一眼。

"不谈这个罢，"她说这话时的气势，目光，姿态，都显得高贵无比，"去挣一份显赫的家业，在您国内成为一个出类拔萃的人物，这是我的愿望。声名是一座活动的桥梁，可以令人飞渡深渊。鼓起您的雄心来，那是应该的。我相信您有卓越雄伟的能力；但您施展的时候，与其为了我，毋宁为了大众的幸福：您只会在我眼里显得更伟大。"

在这次持续两小时的谈话里，洛道夫发觉法朗采斯加对自由思想抱着一腔热忱，还有那促成拿波里，比特蒙，西班牙三重革命的对自由的崇拜。临走他由伪装哑巴的奚娜送到门口。十一点钟时,这村中已没有人闲荡,毋须提防了;洛道夫把奚娜拉在一边,轻轻地用他勉强的意大利语问道:"孩子,你的两个主人究竟是谁?告诉我,我给你这块崭新的金洋。"

"先生,"孩子拿着钱答道,"男主人是米兰有名的书店主人郎波里尼,革命党领袖之一,奥地利一心要关在史比特堡的煽动家④。"

"一个书店主人的妻子?……唔,那倒更好,"他想,"我们是同等地位。"——"她又是什么出身呢?"洛道夫重新问奚娜,"她态度简直像王后一般。"

"意大利女子都是这样的,"奚娜高傲地回答,"她父亲姓高龙那。"

法朗采斯加低微的身世加大了洛道夫的胆子,他在小艇上张了天蓬,在船尾放着靠枕。布置就绪,这位恋人便去邀法朗采斯加游湖。她接受了,无疑是为了在村人面前扮演帝国少女的角色;但她带着奚娜同走。法朗采斯加·高龙那最细小的动作,都透露出极优秀的教育和最高贵的身份。一看她坐在船端上的姿势,洛道夫觉得和她是多少隔离了;面对着贵族的真正高傲的表情,他预先盘算好和她亲昵的心思消散了。法朗采斯加目光一变,俨然是个公主模样,像中世纪的公主们一样有她的特权。她似乎已猜到这武士的心思,胆敢自命为她的保护人。在法朗采斯加接待洛道夫的客厅的家具上面,在她的装束上面,在那天端来侍候他的零星器具上面,洛道夫已经认出阀阅世家与富有资产的标识。如今这些印象统统给回想起来,而当他被法朗采斯加的尊严压倒之后,他不禁沉吟着思索起来。奚娜这尚未成年的心腹,偷偷地斜睨着洛道夫,好像也在暗中讪笑他。意大利姑娘的身世显见与态度不符,这在洛道夫胸中又是一个新的谜,他怀疑其中还有像奚娜伪装哑巴一样的别的玄虚。

原文

"您想往哪儿去呢？郎波里尼夫人。"他问。

"往吕赛纳。"法朗采斯加回答。

"好！"洛道夫私忖道，"她听我喊出她的姓氏并不诧怪，一定她早已料到我会打听奚娜，这刁滑的妮子！"

"您对我有什么不满呀？"他一边说一边终于坐到她身旁，做一个手势求她伸出手来，她却把手缩了回去。"您冷冰冰的，一本正经的，用我们的口语说是：别扭的。"

"不错，"她微笑着答道，"是我不对。这不应该，这是布尔乔亚气，你们在法文里说起来是：没有艺术家风度。的确，宁可痛痛快快地说个明白，却不要对一个朋友抱着仇视或冷淡的心思，何况您已对我证明您的友谊。也许我对您已经过了限度。您一定把我看作一个很普通的女子，"洛道夫再三做手势表示否认，她虽然看见，却毫不理会地接下去说，"是的，我发觉到这一点，便自然而然回复了的我本来面目。唔，好罢，我将用几句最真心的话来结束一切。记住，洛道夫：凡是一种感情跟我对真爱情的观念和预见抵触的时候，我觉得有力量把这感情抑捺下去。像我们在意大利那样的爱，我也能够；但我知道我的责任：没有一种陶醉能使我忘掉。我自己不曾同意而就嫁了这可怜的老人之后，很可利用他慷慨地容许我的自由；但三年的婚姻等于接受了配偶的法律。所以最强烈的热情也不能引起我恢复自由的欲望，即使无意之间也不曾有过这种欲望。爱弥里奥识得我的性格，他知道，除了我的心是属于我自己而能委许于人之外，我不会给人家握我的手，因此我刚才拒绝您。我要被人家爱，教人家等，忠实地热烈地高尚地等，我只能报以无限的温情，温情的表现又不出我方寸之间，那里才是自由的园地。一朝把这些明白了解之后，……噢！"她用着一种少女的姿态往下说，"我又可变成轻狂，爱说爱笑，疯疯癫癫，像一个不懂亲昵的危险的痴丫头。"

这场那么清楚,那么爽直的表白,所用的那种声气,那种语调,加以那种目光,使所说的内容显得句句是真心实话。

"一位高龙那公主也不能说得更好了。"洛道夫微笑着说。

"这是不是,"她高傲地答道,"对我出身卑微的一种责备?在你的爱情上面,是不是需要一个盾徽?米兰最有光彩的姓,史福查,加诺伐,维斯公底,德利维齐奥,于齐尼,写在店铺上面的有多少!有些姓亚尔钦多的还开着药铺;但是相信我,虽然我的身份不过是一个女店主,我却有着公爵夫人的情操。"

"责备?不,夫人,我是想恭维您的……"

"用一个比较来恭维么?……"她狡猾地问。

"啊!告诉您,"他答道,"为免得担心我的说话把情操歪曲起见,我得告诉您:我的爱是绝对的,包含无限的服从和尊敬。"

她满意地点点头,说:"那末阁下是接受了条件?"

"是的,"他说,"我懂得在女子强壮旺盛的机体里面,爱的机能是不能消失的,而您为了谨慎,想把它束缚起来。啊!法朗采斯加,在我这年纪,和一个像您这样高超,这样庄严秀美的女子共同培植的温情,竟是满足了所有的欲望。照您愿望的那样来爱您,不就使一个青年免于卑下的情欲吗?不就使他把精力运用于他日后以之自傲的,只留下美丽的回忆的热情吗?……您真不知您在比拉德与里琦山脉上,在此壮丽的盆地内,添加了何等的色彩,何等的诗意……"

"我很愿意知道呀。"她天真地说,但一个意大利女子的天真中间仍有多少狡黠的意味。

"哎,这个时间将照耀我一生,好比王后额上的一颗钻石。"

法朗采斯加把手放在洛道夫手上,代替了回答。

原文

"噢！亲爱的,永久亲爱的,告诉我,您从没有爱过,是不是?"

"是的！"

"而您允许我高尚地爱您,一切都等上天安排?"

她温柔地点头。两颗巨大的泪珠在洛道夫的脸颊上淌着。

"喂,怎么啦?"她这样说的时候,不再像王后般的尊严了。

"我已经没有母亲可以告诉她我是怎样的幸福,她离开了尘世,不曾看到能减轻她临终苦难的……"

"什么呢?"她问。

"不曾看到她的温情由另一股同等的温情替代了。"

"可怜的孩子,"法朗采斯加感动着说。过了一会她又道:"相信我,一个女子知道她的爱人除了她,世界上便一无所有,看见他孤独的,无家可归的,心里只有对她的爱,总之一个女子知道自己把爱人整个地占有了时,那对她是何等甜蜜,是加强她的忠诚的极大的因素！"

两个情人这样地彼此倾吐以后,心中感到一种甘美的恬静,一种庄严的宁谧。确切的信念是人类情操所要求的基础,因为宗教情操就从不缺少这信念;人永远相信会获得神的酬报。唯有与神明之爱相似的时候,爱情才觉得稳固。所以必得把这两种爱情充分体验过来,才能了解这一刻的沉醉,人生独一无二的一刻,一去不返,如青春期的情绪一样。信任一个女子,把她当做个人的宗教,当做生命的意义,当做最微渺的思想动力！……这不就是一种再生么? ……这时候,一个青年男子多少把他对母亲的爱掺入了爱情。洛道夫与法朗采斯加深深地静默了一会,彼此用友善的充满思想的目光对答着。周围的景色是自然界最美的景色之一,他们俩在其中彼此了解;外界的庄严璀璨,一方面因他们内心的庄严璀璨而获得印证,一方面也帮助他们把这唯一的一刻的最飘忽的印象,镌刻在心版上。法朗采斯加的行动全没轻狂的样子;

原文

一切都显得阔大，丰满，胸无城府。这种豪迈之气深深地打动了洛道夫，认为这是意大利女子跟法国女子不同之处。水面，陆地，天空，少女，一切都巍峨雄伟，无限温馨；在此大处浩瀚小处富丽的场面中，他们的爱情也兼有雄壮与温柔的情调；积雪的峰顶那么峭厉，蓝天衬托着山冈起伏的线条那么强劲，使洛道夫想起他的幸福就该是这种境界：积雪环绕之下的一片富饶的原野。

…… ……

一天晚上，玛丽爱德来替洛萨莉更衣去赴一处夜会时，授给她一封信；女仆心里对着这种背信的行为怀着鬼胎，而特·华德维小姐一见信封上的地址，也立刻气呼呼的，脸色忽红忽白起来。

> 意大利　　倍琪拉德
> 阿琪奥洛公爵夫人　　　台收
> 　　　（前索但里尼公主）

在她眼里的这个地址，无异在伯沙撒王眼中闪耀的弥尼，提客勒，毗勒斯⑤。她藏起信，下楼随母亲上特·夏洪戈夫人家。这晚上她心里又是悔恨又是焦虑。她对于刺探亚尔培给雷沃博信上的秘密，已经觉得羞愧。她好几次自问：倘若亚尔培知道了这桩罪行，因为非法律所能惩罚而格外卑鄙的罪行，这个高洁的男人还会不会爱她？她的良心坚决地回答说：不！她用苦行来补赎罪过：持着饿斋，跪在地下交叉着手臂，做着苦行，几小时地念着祷文。她也强迫玛丽爱德忏悔。热情中间添入了最真诚的禁欲苦修的成分，使热情变得格外危险。

"这封信我看不看呢？"她心里忖着，一边听着特·夏洪戈家姑娘们

原文

谈话。姑娘们一个十六岁,一个十七岁半。洛萨莉把这两个朋友看做小丫头,因为她们不曾暗地里爱什么人。她在是与否之间踌躇了一小时之后想道:"要是我读这封信,当然也是最后一封了。既然我已费尽心机探听他写给朋友的说话,为何我不能知道他写给她的信呢?就算这是一桩丑恶的罪行,可也不是爱情的证据吗?噢!亚尔培,我岂不是你的妻子吗?"

洛萨莉一上床,便拆开信来,那是一天一天接着写的,以便公爵夫人对亚尔培的生活和情绪获有真切的形象。

二十五日

"亲爱的灵魂,一切都顺利。在以往的收获中,我新近又加上一桩最可贵的:我对选举运动中最有势力的人物之一帮了一次忙。好像那些只能制造荣名而永远不能自己登龙的批评家一样,他制造议员而永不能自为议员。那个好家伙想用低价来表示他的感激,简直连钱袋都不打开,只和我说:'您愿意进国会吗?我能使您当选。'我假意回答道:'如果我决定干政治,那将是为了效忠于贡台,表示我对它的感激,报答它对我的赏识。''好吧,我们来替您决定就是,那时我们可在国会里有一分势力,因为您一定会大显身手。'

"这样看来,亲爱的天使,不论你怎么说,我的恒心终必获得胜利之冠。最近的将来,我将站在法兰西的讲坛上对我的国民说话,对全欧洲说话。我的名字将由法兰西报界无数的喉舌传到你的耳边!

"是的,像你所说,我来到勃尚松时已经老了,而勃尚松使我更老了;可是一朝入选之后,我能立刻回复青春,好似西施德五世①一样。那时我将开始我真正的生活,进入我的世界。那时我们俩不是骈肩平等了么?萨伐克·特·萨伐吕司伯爵,驻某某国大使,当然可以娶一个索但里尼公主,阿琪奥洛公爵的寡妇了!在继续不断的斗争中维护身心的人,能因胜利而回复青春的。噢;我的生命!我多快活地从藏书室奔到书斋,在你的肖像前面,在写信之前把我这些成就先诉给你听!是的,我的票数,副主教的,将要受到我帮助的人的,还有上面所说的那个主顾的,业已使我有了当选的把握。"

二十六日

"自从那幸运的晚上,美丽的公爵夫人一瞥之下把流亡的法朗采斯加的诺言确认以来,已经到了第十二个年头了。啊!亲爱的,你三十二岁,我三十五岁;亲爱的公爵七十七岁,他比我们两人总加的年纪还大十岁,但仍是那样矍铄!请你替我祝贺他罢。我的耐性不减于我的爱情。并且我还需几年的光阴,才能把我的财产增高到堪和你的名字匹配。你瞧,我很快活,今天我简直笑了:这是希望的功用啊!我的忧郁或快乐,一切都是从你那边来的。登峰造极的希望,永远使我觉得第一次见到你,把你我的生命如土地之与阳光似的结合为一,还不过是昨日的事。这十一年真是何等的痛苦,今天又是十二月二十六了,我到你公斯当湖畔别庄上来的纪念日。十一年来我追求着幸福,受着你的照耀像一颗明星似的,可是你高高地挂在天空,不是凡人所能几及!"

二十七日

"不,亲爱的,不要到米兰去,留在倍琪拉德罢。米兰使我害怕。我也不喜欢可恶的米兰风气,天天晚上在斯加拉歌剧院跟一大伙人聊天,其中不免有人对你吐露一些温柔的字句。为我,孤独赛如那块琥珀,可使一条虫在它的核心保存它永远不变的美。一个女子的灵和肉,在孤独中间可以永久纯洁,不失她青春期的模样。"

原文

二十八日

"你的塑像永远完不成的吗?我要你的大理石像,油画像,画在小骨董上的工笔像,各色各种的肖像,来排遣我的不耐烦。我老等着倍琪拉德别庄南面的风景,回廊的风景;我所缺的就是这两幅。我今天特别忙,除了一个'无'字以外什么都无可奉告,但这'无'便是一切。上帝不是从无造出世界来的吗?这'无'是一句话,是上帝的一句话:我爱你!"

三十日

"啊!我收到你的日记了!谢谢你的准期!那末你真的高兴看到我们初会的细节用这种方式描写吗?……哟!我一边掩饰情节一边还大大地担心你生气咧。我们不曾有过短篇小说,而一份没有短篇小说的杂志,等于一个没有头发的美女。我天性不会无中生有,无可奈何,我便运用了我灵魂中唯一的诗篇,我回忆中唯一的奇遇,用可以公开讲述的语气来叙述,一边写一边不住地想着你,这是我一生唯一的文学作品,不能说出之于我的笔下,只能说出之于我的心坎。犷野的索玛诺被我变成了奚娜,你不觉得好笑吗?

"你问我身体怎样?比巴黎时好多了。虽然工作繁重,究竟清静的环境对心灵大有影响。亲爱的天使,令人疲倦,令人衰老的,乃是虚荣未逞的悲伤,乃是巴黎生活的不断的刺激,乃是和野心的敌手勾心斗角的挣扎。宁谧却是镇静的油膏。你的信,把你日常生活中琐琐碎碎的事情告诉我的长信,它所给我的喜悦是你所想不到的。你们做女子的,万万不知道一个真正的爱人对那些无聊的事情感到何等兴趣。你的新衣的样品,我看了十二分的高兴!知道你的穿着,难道为我是一件无足轻重的事吗?要知道的事多着哩:你的庄严的额角是否光彩奕奕?我

原文

们的作家能否给你解闷？诗人加拿利的歌唱是否教你兴奋？我读着你所读的书。联想到你在湖上游览我也怦然心动。你的信多美！和你的灵魂一样隽永！噢！你这朵天国之花，我日夜膜拜的花，没有这些可爱的信，我还活得成吗？十一年来，你的信在我艰苦的途程中支持着我，赛似一道光明，一缕香气，一支有规律的歌，一种神明的粮食，安慰生活，魅惑生活的一切！万万少不得啊！要是你知道我未接你来信时的怆痛，要是你知道一天的迟到所给我的苦恼！她病了吗？还是他病了？我简直在天堂和地狱之间来回，我疯了！亲爱的女神！希望你在音乐上用功，锻炼你的歌喉。我很高兴彼此对工作和时间的分配一致，使你我虽然隔着阿尔卑斯山，仍过着同样的生活。想到这点，我便心神欢畅，有了勇气。我还没告诉你，当我第一次出庭辩护时，我想象你在旁听，忽然之间我就有了使诗人高出凡人的那股灵感。如果我进了国会，噢！你一定要到巴黎来听我的处女演说！"

三十日晚

"天哪！我多爱你！可怜，我寄托在我的爱情和希望上面的事情太多了。万一有什么不测把这条过于沉重的小舟倾覆了时，我的生命也要给它带走的了！和你离别已经三年，而一转到往倍琪拉德去的念头，我的心便跳得那么厉害，使我不得不停止再想……看见你、听你那儿童般的抚慰人的声音！用眼睛来拥抱你象牙般的肤色，在阳光中那么灿烂，令人猜出里面藏着你高贵的思想的肤色！赏玩着你抚弄键盘的手指，在一瞥之中接受到你整个的灵魂，在一声'天哪！'或一声'亚尔培多！'的语调中接受到你整颗的心，在你家满缀鲜花的橘树前面一同散步，在这清幽绝俗的景色中消磨几个月……这才是人生！噢！追求权势，名誉，财富，多无聊！一切都在倍琪拉德呀：这里才有诗意，这里才

> 原文

有光荣！我真该替你当总管，或是逗着爱情的意志，在你家里当骑士，可是我们热烈的情绪不容许我们接受。再会罢，我的天使，眼前的这种喜乐，仿佛是希望的火把投射下来的一道光明，一向我当它是磷火的；倘若我以后有表示忧伤的时光，那末，请你看在眼前的喜乐分上原谅我罢。"

"他多爱她！"洛萨莉叫着，听让这封信从手里掉下，仿佛重得拿不住。"过了十一年，还写这样的信？"

"玛丽爱德，"洛萨莉吩咐女仆道，"明天早上你去把这封信丢在邮局里；告诉奚洛末，我所要知道的事已全盘知道，教他忠忠心心地服侍亚尔培先生。我们大家去忏悔这些罪过，可别说出那些信是谁的，寄给谁的。是我不好，是我一个人犯的罪。"

"小姐哭过了。"玛丽爱德说。

"是的，我却不愿给母亲发觉；替我去端些冰冷的冷水来。"

在热情奔放的暴风雨中，洛萨莉常常听从她的良心。两颗忠贞的心把她感动了，她做了祈祷，心想自己只有退让的份儿，只有尊重两个在德性上分不出高下的人的幸福，他们在命运之下低头，一切听凭上帝的意志，别说犯罪的行为，连恶意的愿望都没有。她受着青年人天然赋有的正直的感应，这样地决定过后，觉得自己高卓了些。下这决心的时候，也有少女的一种想法在鼓励她：她要为他牺牲！

"她不懂得爱，"洛萨利想道，"啊！换了我，对一个这样地爱我的男人，我将牺牲一切。被爱！……什么时候轮到我呢？由谁来爱我呢？这个矮小的特·苏拉先生只爱我的财产；倘使我是一个穷人，他连睬都不会睬我。"

"洛萨莉，我的小乖乖，你在想什么呀？你绣到图样外面去了。"男

原文

爵夫人对她的女儿说,她正替父亲绣着软鞋。

(傅 雷 译)

| 注 释 |

① 史家称法国大革命后拿破仑失败、波旁王族复政时期为王政时代;一八一四年至一八一五年六月为第一王政时代;一八一五年七月至一八三〇年为第二王政时代。

② 一八二〇年至一八二一年间,意大利北部撒地尼亚邦发生革命,要求宪政,解除奥国束缚,终为撒王查利及奥国武力镇压。

③ 意国内战时,法国是赞助革命党的。

④ 史比特堡为奥国境内一古堡名,以幽禁名人著称于世。

⑤ 见《旧约·但以理书》第五章。

⑥ 系一五八五年至一五九〇年间的教皇。登极前老态龙钟,行不离杖。六十四岁被选为教皇时,立即投杖而起,健步如飞。

| 赏 析 |

《亚尔培·萨伐龙》是法国批判现实主义大师巴尔扎克《私人生活场景》中的一部中篇小说。在这部小说里,以揭露道德沦丧、物欲横流、金钱罪恶著称的巴尔扎克,用他一贯充满激情的笔,热情讴歌了一对在爱情沦为金钱奴隶的社会中卓然独立、为真爱顽强奋斗的恋人,谱写了一曲震撼人心的纯美的情歌。

因令人信服地表现资本主义社会中人与人之间的金钱关系、被称为"金钱的艺术家"的巴尔扎克,在他的《人间喜剧》中,不厌其烦地描写了那个时代被扭曲了的爱情——赚钱的工具、发财的手段。如《高老头》中,穷

赏析

青年拉斯蒂涅追求银行家纽沁根太太,是因为"倘若纽沁根太太对我有意,我会教她怎样控制她的丈夫……帮我发一笔大财"。世袭豪门贵族鲍赛昂子爵夫人的情夫阿瞿达侯爵为了娶有"二十万法郎利息的陪嫁"的资产阶级小姐,把与他真心相爱的鲍赛昂子爵夫人抛弃了。在《亚培尔·萨伐龙》这部小说里,巴尔扎克仍毫不留情地揭露了金钱的罪恶、爱情的变异。

选文的第一部分描写的特·华德维夫妇的婚姻,就是把夫人"年收二万法郎的田产和华德维岁入一万法郎的不动产联合起来"的金钱的联姻。这无爱的夫妻关系仅维持了短暂几年。作者用含蓄的语言讽刺了他们无爱的婚姻:"一般观察社会深刻的人,定会注意到洛萨莉是华德维和特·吕泼两家联姻后唯一的结晶品。"一个家庭里有几个孩子,是无需什么社会经验的人就能了解的,巴尔扎克却故作庄严地说"观察社会深刻的人"才会"注意到",目的在于提醒读者体会他们只有"唯一的结晶品"不是出于客观原因,而是出于主观意愿,他们的婚姻早已名存实亡。华德维只好"把生活消磨在一所富丽的车床工场里"和"讲究的饮食"上了。而华德维夫人则把情感寄托在为钱追求她女儿的花花公子特·苏拉的身上,"把不许肉体消受的罪恶,在精神上痛快一下"。而特·苏拉一边心甘情愿地在华德维夫人身旁扮做甘牺牲的情人,"一边还得装出讨好特·华德维小姐自尊心的姿态",为的是要把自己的地位维持在严厉而假贞节的男爵夫人的敬意的顶尖上,以便将来好娶拥有每年四万法郎收益的洛萨莉。洛萨莉对特·苏拉把婚姻当作投机的做法一清二楚,她说:"这个矮小的特·苏拉先生只爱我的财产;倘使我是一个穷人,他连睬都不会睬我"。

不仅贵族们把婚姻当作发财的工具,连生活在下层的仆人也是如此。亚尔培的仆人奚落末追求洛萨莉的 36 岁"丑得可憎"的仆人玛丽爱德,因为她得到的遗产有好几块田,还有每年大约二百法郎的工资,大概一共值一万五千法郎。作者用极富嘲讽的语气写道:"在奚洛末眼里,一万五千法郎简直更改了视觉原理:他发现玛丽爱德有美丽的腰身,天花在那张枯索

赏析

平板的脸上所留下的窟窿和疤瘢,他再也看不见了;歪斜的嘴巴,他觉得是笔直的。"

巴尔扎克通过对这几组人物的描写形象地揭露了波旁王朝复辟时期法国社会金钱至上的现实。但在这金钱横行、情感冷漠的污浊环境中,却盛开着一朵纯洁的鲜花——亚尔培·萨伐龙与法朗采斯加的崇高爱情之花。

作者用大量的笔墨写出了亚尔培与法朗采斯加的爱高尚无比、坚贞不渝。他们相爱是出于对对方的才情、品质的赏识。在选文的第二部分,作者细腻地描写了他们由相识到相知、相恋的过程。亚尔培·萨伐龙是一个刚刚法科毕业的穷学生,在与朋友旅行途中,遇到流亡在外、以自食其力生活的乔装成书店主人妻子的法朗采斯加·索但里尼公主,也就是刚道斐尼亲王的夫人。亚尔培爱上她,起初是因为她惊人的美貌,接着让亚尔培动情,是在亚尔培受伤和母亲去世时"整个儿沉浸于同情心时的意大利风格的爽直",和她表现出的坚贞、高尚品格。法朗采斯加,这位意大利亲王的女儿、公爵夫人,受父母之命在不懂得什么是爱情的情况下嫁给了60多岁的老公爵,初见亚尔培,她被他的纯真、热情所打动,但她始终牢记有夫之妇的责任,"除了我的心是属于我自己而能委许于人之外,我不会给人家握我的手","我自己不曾同意而就嫁了这可怜的老人之后,很可利用他慷慨地容许我的自由;但三年的婚姻等于接受了配偶的法律。所以最强烈的热情也不能引起我恢复自由的欲望,即使无意之间也不曾有过这种欲望","我不愿给人家飞短流长,并非为我,而是为他。他究竟是我唯一的保护人,我要使他能以我为荣,这是我的志气。""我用来证明我的爱的方式,是您永远不会在我的行为中间,发觉什么能引起你嫉妒的成分。"面对如此纯情高尚的女子,亚尔培激动万分,"啊! 法朗采斯加,在我这年纪,和一个像您这样高超、这样庄严秀美的女子共同培植的温情,竟是满足了所有的欲望。照你愿望的那样来爱您,不就使一个青年免于卑下的情欲吗? 不就使他把精力运用于一种他日后以之自傲,只留下美丽的回忆的热情吗?""我

赏析

将忠实地等您,不让任何旁的感情进入我的心,连逢场作戏都不许。"

他们不仅这样说,而且也这样做,他们亲密相处时,"法朗采斯加的镇静"使他"佩服之余,竟至着恼,她以不动声色为尊严,淡泊宁静的态度大有摈斥爱情之概"。从选文中记载的萨伐龙所写信件中,可以看出,分别三年,他渴望的也只是"看见你,听你那儿童般的抚慰人的声音!用眼睛拥抱你象牙般的肤色,在阳光中那么灿烂,令人猜出里面藏着你高贵的思想的肤色!赏玩着你抚弄键盘的手指,在一瞥之中接受到你整个的灵魂"。当亚尔培得知法朗采斯加是亲王的女儿、公爵夫人时,为了和所爱的人匹配,为了爱人以自己为骄傲,他远离爱人埋头苦干了12年,历经磨难,而矢志不渝。文中多次写他工作的动机、坚持不懈的原因:"权威与荣名,我所寻访的这个巨大的精神财富不过是次要的;那于我只是获取幸福的手段,迫近我偶像的阶石而已。""我把我生命奉献给了我的偶像,是她充实了我的生命,成为我努力的原则,我勇气的秘钥,我才具的因素。""噢!追求权势、名誉、财富,多无聊!一切都在倍琪拉德(法朗采斯加所在地)呀!这里才有诗意,这里才有光荣!"

他们这种不为金钱、不为地位的纯真高尚的爱,与书中众多的为钱而爱、为钱而结合的情人、夫妻形成了鲜明的对照,他们身处物欲横流、金钱至上、人性、爱情都已扭曲的社会,贞守纯情,不仅不为名利,而且爱得那么高尚、执著,不禁让读者为他们感叹,对他们敬佩,连单恋亚尔培,想把亚尔培从法朗采斯加手里抢过来的洛萨莉都为之感动,被这对"别说犯罪的行为,连恶意的愿望都没有"的情侣感动,"心想自己只有退让的份儿,只有尊重两个在德性上分不出高下的人的幸福"。

不仅如此,作者还不吝笔墨地用了一大段景色描写来渲染、烘托这两位圣洁的爱侣的至情:"外界的庄严璀璨,一方面因他们内心的庄严璀璨而获得印证……水面,陆地,天空,少女,一切都巍峨雄伟,无限温馨;在此大处浩瀚小处富丽的场面中,他们的爱情也兼有雄壮与温柔的情调;积雪的峰

赏析

顶那么峭厉,蓝天衬托着山冈起伏的线条那么强劲,使洛道夫(亚尔培·萨伐龙)想起他的幸福就该是这种境界:积雪环绕之下的一片富饶的原野。"自然界的庄严、壮美把他们的感情衬得越发高大与圣洁,更令人赞叹与敬仰。

巴尔扎克作品中主人公大都是具有强烈情欲、执著顽强的人物,如葛朗台一生为钱而活,至死不改;高老头对两个女儿好似情人的热爱,丧失了自我。《亚尔培·萨伐龙》中的亚尔培、法朗采斯加、洛萨莉也都是这样的人物。为了与此等情欲强烈的人物相称,巴尔扎克的语言充满了诗意与激情。如作者形容亚尔培的面貌与性情时写道:"这副威严而又温和,沉着而又烦躁,饱满而又虚弱的面具之下,藏着不少秘密。""这个阴沉的、痛苦的、雄辩的、勤奋的亚尔培,给特·华德维小姐拿来跟那位肥头胖耳的,雄赳赳的,甜言蜜语,胆敢对着世代簪缨的特·吕泼大谈风雅的特·苏拉相比之下,真是如何理想的人物!"文中排比句、修饰语很多,感情饱满,极易使读者受到感染。

作品就是这样通过对比、映衬和诗化的语言,为我们高奏起为真情而爱、为美德而爱的令人醉心的浪漫情歌。他们的情爱超凡脱俗、可敬可叹。但是在那个讲究门第等级观念、金钱至上、情欲泛滥的19世纪30年代的法国,这种超越等级、超越肉体的纯美爱情,只能是作者美好的理想而已,在现实中是难以存活的,所以小说结尾叙述他们的爱情终因受人挑唆而失败,一个负气嫁人,一个绝望进了修道院。这正是巴尔扎克的伟大之处,他虽然醉心于不论门第、等级,只重情的爱情理想,但他更是一个清醒的现实主义作家。但这么圣洁的爱情以悲剧结局毕竟令人痛惜,所以作者在小说结尾给罪魁祸首洛萨莉安排了这样一个结局:身残容毁、没有一天不在痛苦中煎熬。这个结局虽然很唯心,很不现实,但却替那对儿情人、替读者、替自己出了口恶气。

《亚尔培·萨伐龙》这部小说虽然很难称为巴尔扎克的典范作品,但巴尔扎克在批判把婚姻当作金钱工具的19世纪30年代法国丑恶现实的同时,以对比、映衬手法热情讴歌了超越等级,甚至超越肉体,以品德为美的

| 原文 |

真情,对于生活在 21 世纪现代社会的人们,无疑仍具有震撼和启迪的作用。这大概就是《亚尔培·萨伐龙》小说的意义所在吧。

(戴淑平)

邦斯舅舅

| 作品提要 |

邦斯是一个音乐家兼收藏家,长相奇丑,但心地善良。他酷爱珍馐美食,但因贫困无法满足口腹之欲,所以不惜充当食客,去亲戚家讨吃,因而饱受嘲弄与侮辱。邦斯在自己堂外甥卡缪佐家受到极大的侮辱与诬陷,后一病不起。生病期间,邦斯以及与他同住的朋友、音乐家施穆克的饮食起居都由门房茜博太太照料。茜博太太发现,邦斯那些原本被人视作破烂的收藏品其实价值连城。于是,贪婪的亲戚、邻居们开始了一场勾心斗角的争夺战。最后,邦斯在茜博太太的折磨中死去。他在死前看穿了人世间的虚伪与欺诈,立下遗嘱,将遗产留给了自己的朋友施穆克。但天真憨厚的施穆克对法国法律毫不知情,又因邦斯的死而伤心过度,终被遗产诉讼人施展的诡计所骗,自愿放弃邦斯的全部遗产。最终邦斯的遗产大多落入卡缪佐一家手中。施穆克在邦斯死后不久也离开了人世。

| 作品选录 |

德·玛维尔太太以特殊礼遇接待了弗莱齐埃,这说明勒勃夫先生

原文

兑现了向瓦蒂纳尔太太的承诺，为原来在芒特的那位诉讼代理人讲了好话。阿梅莉对弗莱齐埃的态度几乎到了柔媚的地步，就像蒙邦西埃公爵夫人对雅克·克莱芒一样；因为这个小小的诉讼代理人，是阿梅莉的一把刀。当弗莱齐埃拿出埃里·马古斯和雷莫南克联名写的那封声明愿意出九十万现款买邦斯全部收藏的信时，庭长太太朝律师投出一束异常的目光，从中仿佛闪现出那个大数目。这是贪婪的巨流，几乎把诉讼代理人淹没了。

"庭长先生让我邀您明天来吃饭，"她对弗莱齐埃说道，"都是家里人，客人有我的诉讼代理人代尔洛舍律师的后任戈代夏尔先生，我们的公证人贝尔迪埃先生，我女婿和我女儿……吃过晚饭后，根据您先前提出的要求，您，我，还有公证人及诉讼代理人，我们在小范围内谈一谈，我要把我们所有的权利委托给您。那两位先生一定要听从您的吩咐，按您的主意办事，保证一切都能办妥。至于德·玛维尔的委托书，您需要时就可给您……"

"当事人死的那一天我要用……"

"到时一定准备好。"

"庭长太太，我要求有份委托书，不让您的诉讼代理人出面，倒不是为了我自己，主要是为了您的利益……我这人，只要我投入，就要百分之百地投进去。因此，太太，我也要求我的保护人对您——我不敢说我的主顾，也表现出同样的信任和忠诚。您也许会认为我这样做是为了把生意抓到手；不，不，太太，万一出现什么闪失……因为在遗产的处理上，人都要牵扯进去的……尤其涉及九十万法郎这样重要的遗产……那时，您总不能让戈代夏尔律师为难，他是一个十分正直的人；但尽可以把全部责任往一个邪恶的小律师身上推……"

庭长太太钦佩地看了看弗莱齐埃。

原文

"您这个人既可上天也可入地。"她说道,"要我处在您的位置上,才不盯着治安法官的那笔养老金呢,我要当检察官……去芒特!要飞黄腾达。"

"就让我干吧,太太!治安法官的位置对维代尔先生来说是匹驽马,可我却可让它变成一匹战马。"

庭长太太就这样被拉着跟弗莱齐埃道出了最知心的话。

"在我看来,您绝对关心我们的利益,"她说道,"我有必要把我们的难处和希望跟您谈一谈。当初考虑女儿和一个现在当了银行家的阴谋分子的婚事时,庭长一心想把当时有人出售的好几块牧场买过来,扩充玛维尔的田产。后来为了成全女儿的婚姻,我们割舍了那个漂亮的田庄,这您是知道的;可是我就这个独生女,我很想把那剩下的几块牧场买下来。那牧场很漂亮,有一部分已经卖掉了,牧场的主人是一位英国人,在那儿住了整整二十年,现在要回英国去;他有一座十分迷人的别墅,环境幽雅,一边是玛维尔花园,另一边是牧场,原来都属于田庄的一部分。那英国人为了修一个大花园,以惊人的价格买回了一些小屋,小树林和小园子。这座乡间别墅及其附属设施像是风景画中的建筑一样漂亮,与我女儿的花园只有一墙之隔。牧场及别墅,也许花七十万法郎就可以买下来,因为牧场每年的净收入为两万法郎……可是,如果瓦德曼先生知道是我们要买,他肯定会多要二三十万法郎,因为如果照乡下田产买卖的一般做法,建筑物不算什么的话,那他是有损失的……"

"可是,太太,依我之见,那份遗产可以说是非您莫属了,我愿意代您出面扮演买主的角色,以尽可能低的价格把那份田产弄到手,而且通过私下交易的途径,采取地产商的做法……我就用这一身份去见那个英国人。这方面的事务我很熟悉,在芒特专干这一行。瓦蒂纳尔事务所的资本就靠这种办法增加了一倍,因为当时我是在他的名下

原文

做事……"

"于是您就有了跟瓦蒂纳尔小姐的关系……那个公证人如今肯定很富有吧?"

"可是瓦蒂纳尔太太很会挥霍……就这样吧,太太,请放心,我一定让英国人乖乖地为您所用……"

"若您能做到这一点,我将对您感激不尽……再见了,我亲爱的弗莱齐埃先生。明天见……"

弗莱齐埃临走时向庭长太太行了礼,但已经不像上一次那样卑躬屈膝了。

"明天我要到德·玛维尔庭长府上吃饭了!……"弗莱齐埃心里想,"嗨,这些家伙,我全都抓在手中了。不过要绝对控制这件案子,我还得通过治安法官的执达史塔巴洛,当上那个德国人的法律顾问。那个塔巴洛,竟然拒绝把他的独生女嫁给我,要是我成为治安法官,他一定会拱手相让。塔巴洛小姐,这姑娘高高的个子,红头发,虽然患有肺病,但在母亲名下有一座房子,就在罗亚尔广场;到时自然有我一份。等她父亲死后,她还可以得到六千磅的年金。她长得并不漂亮;可是,我的上帝!要从零到拥有一万八千法郎的年金,可不能只盯着跳板看!……"

从大街到诺曼底街的路上,他尽情地做着黄金梦:想象着从此不愁吃不愁穿的幸福生活;也想到把治安法官的女儿维代尔小姐嫁给他朋友布朗。他甚至想到自己跟居民区的皇上之一布朗大夫联合起来,控制着市政、军事和政治方面的一切选举。他一边走一边任他的野心随意驰骋,大街也就显得太短了。

施穆克上楼回到朋友邦斯身边,告诉他茜博已经奄奄一息,雷莫南克去找公证人特洛尼翁先生了。一听到这个名字,邦斯愣了一下,

原文

茜博太太以前没完没了地唠叨时，常常跟他提起这个名字，说这人十分正直，推荐他做邦斯的公证人。自上午以来，病人的疑惑已经得到了绝对的肯定，这时，他脑中闪出一个念头，进一步补充了他的计划，要把茜博太太好好耍弄一番，让她的面目在轻信的施穆克眼前彻底暴露。

可怜的德国人被这许许多多的消息和事件搅得头脑发昏，邦斯握住他的手说："施穆克，楼里恐怕会很乱；要是门房快死了，那我们基本上就可以有一段时间的自由，也就是说暂时没有探子在监视我们，你要知道，他们一直在刺探我们！你出去，要一辆马车，然后去戏院，告诉我们的头牌舞女爱洛伊斯小姐，我死前要见她一面，请她演出后在十点半钟到我这儿来。接着，你再去你的那两个朋友施瓦布和布鲁讷家，你请他们明天上午九点钟来这儿，装着路过这里，顺便上楼来看看我，问问我的情况……"

老艺术家感到自己就要离开人世，于是制定了这样的计划。他要把施穆克立为他全部遗产的继承人，让他成为富翁；为了使施穆克摆脱一切可能出现的麻烦，他准备当着证人的面给公证人口述他的遗嘱，让人家不再认为他已经丧失理智，从而使卡缪佐家再也找不到任何借口来攻击他的最后安排。听到特洛尼翁这个名字，他马上看到其中必有什么阴谋，觉得他们肯定早就设计好遗嘱在形式上的瑕疵，至于茜博太太，她也准是早已设下圈套出卖他。因此，他决定利用这个特洛尼翁，口述一份自撰遗嘱，封签后锁在柜子的抽屉里。然后，他准备让施穆克藏在床边的一个大橱子里，亲眼看一看茜博太太将如何偷出遗嘱，拆封念过后再封上的一系列勾当。等到第二天九点钟，他再撤销这份自撰遗嘱，重新当着公证人的面，立一份合乎手续、无可争辩的遗嘱。当茜博太太说他是疯子，满脑子幻觉的时候，他马上意识到了庭长太太的那

原文

种仇恨、贪婪和报复心。两个月来，这个可怜人躺在床上睡不着觉，在孤独难熬的漫长时光中，把他一生中经历的事情像过筛子似的全都细细过了一遍。

无论古代还是现代的雕塑家，往往都在他们坟墓的两侧设置几尊手执燃烧的火炬的保护神。火炬的光芒为即将离世的人们照亮了通向死亡的道路，同时，也指出了他们一生所犯的错误和过失。就此而言，雕塑确实体现了伟大的思想，表明了一个人性的事实。人在临终之际，都会产生智慧。人们常常看到，一些极其普通的姑娘，年纪轻轻，但却有着百岁老翁那般清醒的头脑，一个个像是预言家，评判她们的家人，不受任何虚情假意的蒙骗。这就是死亡的诗意所在。但是，有必要指出奇怪的一点，那就是人有两种不同的死法。这首预言的诗，这种透视过去或预卜未来的天赋，只属于肉体受伤，因肉体的生命组织遭到破坏而死亡的人。因此，如路易十四那些害坏疽病的，患哮喘病的，如邦斯那种发高烧的，如莫尔索夫太太那种患胃病的，以及那些如士兵一样身体突然受伤的人，都有着这种卓越的清醒头脑，他们的死都很奇特，令人赞叹；而那些因精神疾病而死亡的人，他们的毛病就出在脑子里，出在为肉体起着中介作用，提供思想燃料的神经系统，他们的死是彻底的，精神和肉体同时毁灭。前者是没有肉体的，他们体现了圣经中所说的魂灵；而后者则是死尸。

邦斯这个童男，这个贪食的卡顿，这位几乎十全十美的完人，很晚才看透了庭长太太心中的毒囊。他在即将离开尘世的时刻才认识了世人。因此，几个小时以来，他很痛快地打定了主意，如同一个快活的艺术家，一切都是他攻击、讽刺别人的材料。他和人生的最后联系，那激情的链结，那将鉴赏家和艺术杰作联结在一起的坚固的纽带，在早上全都断了。发现自己给茜博太太骗了之后，邦斯便与艺术的浮华与虚空，

原文

与他的收藏,与他对这众多美妙的杰作的创造者的友谊诀别了;他唯独只想到死,想到我们祖先的做法,他们把死当做基督徒的一件乐事。出于对施穆克的爱,邦斯想方设法要在自己入棺后还继续保护他。正是这一慈父般的感情,使邦斯做出了选择,求助于头牌舞女来反击那些奸诈的小人,他们现在就聚集在他的身边,以后恐怕决不会饶过将继承他全部遗产的人。

爱洛伊斯属于那种表现虚假但却不失真实的人,对出钱买笑的崇拜者极尽玩弄之能事,就像洁妮·卡迪娜和约瑟法之流;但同时又是一个善良的伙伴,不畏人间的任何权势,因为她已经看透了他们,那一个个都是弱者,在少有乡间色彩的玛比尔舞会和狂欢节上,她早已习惯于跟巴黎警察分庭抗礼。

"她既然怂恿别人把我的位置给了她的宠儿加朗热,那她一定会觉得更有必要帮我这个忙。"邦斯心想。

施穆克出了门,由于门房里一片混乱,没有引起别人的注意。他以极快的速度赶回家,以免让邦斯一个人待得太久。

特洛尼翁先生为遗嘱的事跟施穆克同时赶来了。尽管茜博就要离开人世,但他妻子还是陪着公证人,把他领进邦斯的卧室,然后离去,留下施穆克,特洛尼翁先生和邦斯在一起;可她手中却握着一块制作奇妙的小镜子,站在她没有关严实的门口。这样,她不仅可能听见里面的讲话,还可能看清此时在屋子里发生的一切,这对她来说是至关重要的。

"先生,"邦斯说,"很不幸,我的神志很清楚,我感觉到自己就要死了;恐怕是上帝的意愿,死亡的种种痛苦,我怎么也难以逃脱!……这位是施穆克先生……"

公证人向施穆克行了个礼。

一
原文
一

"他是我在这世上的唯一的朋友,"邦斯说,"我想立他为我全部遗产的继承人;请告诉我,我的遗嘱得采取什么方式才能使我这个朋友继承我的遗产而不引起异议,他是个德国人,对我们的法律可一点都不懂。"

"异议总会有的,先生,"公证人说,"人间要讲公道总有这个麻烦的。不过,立的遗嘱也有驳不倒的。"

"哪一种遗嘱呢?"邦斯问。

"如当着公证人和证人的面立的遗嘱,如果立遗嘱人没有妻子、儿女、父母、兄弟的话,那些证人可以证明他是否神志清醒……"

"我没有任何亲人,我的全部感情都给了我的这位亲爱的朋友施穆克……"

施穆克在哭。

"如果您果真只有旁系远亲的话,那法律就可以允许您自由处置您的动产和不动产;另外,您提出的继承条件不应该有悖于道德,恐怕您已经看到过,有的遗嘱就是因为立遗嘱人提出了古怪的条件而遭受异议。这样的话,当着公证人的面立的遗嘱就驳不倒了。因为遗嘱确系本人所立,又有公证人证明其精神状况,这样签署的遗嘱就不会引起任何争议……此外,一份措辞明确、合乎手续的自撰遗嘱也基本上是无可置疑的。"

"鉴于只有我本人知道的原因,我决定由您口授,我亲自来立一份遗嘱,交给我这位朋友……这样办行不行?……"

"当然行!"公证人说,"您来写? 我马上口授……"

"施穆克,把那个布尔小文具盒给我拿来。"

"先生,您给我口授吧,声音要低,"邦斯补充说道,"可能有人偷听。"

原文

"您先得跟我说说,您有哪些愿望?"公证人问。

十分钟后,茜博太太——邦斯在一面镜子中看见了她——看见施穆克点着一支蜡烛,公证人仔细读过遗嘱后,将它封好,然后由邦斯交给了施穆克,让他把遗嘱藏在写字台的一个密格里。立遗嘱人要回了写字台的钥匙,系在手帕的一角上,再将手帕放在了枕头下。邦斯送给了尊称为遗嘱执行人的公证人一幅贵重的画,这是法律允许赠给公证人的东西之一。公证人出了门,在客厅遇见了茜博太太。

"喂,先生,邦斯先生是不是想到了我?"

"大妈,您总不至于指望一个公证人泄露别人告诉他的秘密吧。"特洛尼翁回答道,"我现在可以告诉您的,只有一点,那就是很多人的贪欲都将受挫,很多人的希望都将落空。邦斯先生立了个很好的遗嘱,合情合理,而且很有爱国心,我非常赞成。"

谁也想象不出茜博太太被这番话一刺激,好奇到了何种程度。她下了楼,为茜博守夜,盘算着等会儿让雷莫南克小姐来代替她,准备在凌晨两三点钟之间去偷看遗嘱。

(许 钧 译)

赏 析

《邦斯舅舅》是巴尔扎克最后的几部杰作之一。这部小说围绕金钱、名利与欲望展开,通过邦斯、施穆克、茜博太太、庭长夫人、弗莱齐埃等典型人物,展现了处于资本主义上升期的法国社会的现状。邦斯和施穆克是音乐家,庭长夫人来自上流社会,弗莱齐埃是落魄潦倒但又野心勃勃的诉讼人,而茜博太太则是下层社会的一个看门人。虽然这些人来自社会的不同阶层,但他们都有欲望。节选部分集中展现了这些人的欲望,以及围绕遗嘱

赏析

的斗争。

选文中,遗产风波的主要人物都已出场,他们在其中扮演的角色可分为四类。第一类是处于下层社会的茜博太太和来自上流社会的庭长夫人。虽然两人的阶级地位和社会身份有着巨大的差异,但在邦斯的遗产争夺中,都觊觎邦斯的遗产,企图从中获得金钱利益。与此同时,为了金钱,她们又一改往日的作风。茜博太太在金钱面前丧失了原本慈母般的性情,为了确保自己的利益拿着镜子监视邦斯与公证人会面的场景。庭长夫人在与弗莱齐埃会面的场景中,一改往日气焰嚣张的姿态,对这位律师百依百顺、阿谀奉承。她与弗莱齐埃的对话反映出庭长一家的窘境。为女儿的婚姻和乡间的土地问题,庭长夫人可谓绞尽了脑汁。她一方面为女儿顺利成婚而欣慰,另一方面对痛失乡间牧场感到惋惜,两者不能平衡的关键在于金钱。

第二类就是弗莱齐埃。虽然只是一个平民律师,但他雄心勃勃,深谙法国社会的经济与法律规则。与茜博太太和庭长夫人相比,作为新兴资产阶级的弗莱齐埃在这场遗产争夺中看到了通向权力的机会。他是这些人中唯一一个清楚地知道如何达成欲望的人,似乎能够将一切都掌控在手中,满足他人欲望的同时达到自己的目的,并且深知茜博太太和庭长夫人急需他这样的人。与庭长夫人相比,弗莱齐埃虽不具备上流社会的身份与人脉,但他掌控经济和法律的能力使他有足够的资本凌驾于庭长夫人之上,数次打断主人的话,甚至使得庭长夫人对他百般讨好。他的目标明确,轻松取得玛维尔的委托书;他深谋远虑,对于婚姻,他看中的是其中的金钱与政治利益。他拥有高度膨胀的野心与信心,曾对庭长夫人说道:"治安法官的位置对维代尔先生来说是匹驽马,可我却可让它变成一匹战马。"他甚至想象着自己操控市政、军事和政治方面的一切选举,成为名副其实的领导者。弗莱齐埃的能力与潜力使他无需向庭长夫人卑躬屈膝,更不会为受邀至庭长家共享晚餐而受宠若惊。在与庭长夫人接触后,他深深地察觉出

赏析

大资产阶级调配资金和管理财产的能力,更是看穿了庭长一家崇高的社会地位背后日渐衰落的家道。在他看来,庭长一家及邦斯的遗产案仅是一个跳板,是通向权力与金钱的踏脚石。事实上,在当时的法国,弗莱齐埃之流遍地皆是,他们伺机而上,准确快速地把握一切功名利禄的机会。这两种人代表着《人间喜剧》中的金钱权利欲念。在18世纪初叶,对金钱的"恶念"在资本主义的发展洪流中被合法化。人们被欲望所控制,有时善良的妇孺,也会被金钱的力量所异化。

第三类是邦斯的好友施穆克。这个德国音乐家天性纯良,一心一意爱着邦斯,但是他在不知不觉间成了这些贪婪者的帮手。他不愿想象照顾他们的茜博太太是个贪图钱财的恶妇,是邦斯让他明白了事情的真相。在艺术之外的领域,他表现得单纯而又惊慌失措,面临流言飞语他反过来需要邦斯的安慰与帮助。

在上述三类角色中,第一类是邦斯遗嘱的直接获益者,希望从巨额遗产中分得一杯羹;第二类是遗嘱的间接获益者,但却是最大的赢家,是这场"遗嘱战争"中的阴谋家,是资产阶级经济与法律的行家里手。庭长夫人奉承弗莱齐埃:"既可上天也可入地。"他控制了第一类角色,又利用庭长夫人,让她为自身谋得治安长官的职位,为他打开了日后通向上流社会的大门。第三类原本应是遗嘱的受益人,却因为对邦斯强大的保护欲,受到第一股势力中茜博太太的蒙骗,最终成为遗嘱的受害人。

最后一类人物就是邦斯自己。他同样是艺术家,也曾对茜博太太信赖有加,热爱美食的习性使他看不清庭长夫人贪婪的本质。邦斯一个人的欲望对抗着茜博太太、弗莱齐埃和庭长夫人三个人的欲望。但从选文开始,生命的垂危使他看清了世态的炎凉。邦斯"和人生的最后联系,那激情的链结,那将鉴赏家和艺术杰作联结在一起的坚固的纽带,在早上全都断了",他放弃了自己固守40年之久的欲望。同时,他也看清了整场骗局的真相。

赏析

邦斯的转变是由于死亡的临近,选文中关于死亡的描述反映了巴尔扎克对于死亡具有神秘主义色彩的解释。他认为死亡能让人产生智慧,人在死亡前之所以产生智慧,是因为死亡终结了人的欲望。当人活着的时候,深陷在自身欲望中的人会失去正常人应有的判断力,变得缺乏常识。邦斯的"贪馋"让他在贵族亲戚面前丧失了尊严,他对自己收藏品的占有欲又让他起初看不清茜博太太的阴谋;当邦斯执著于自己艺术珍品时,无法想到对策,但在死亡的智慧之光照耀下,他变得果断与足智多谋。死亡将人分为精神与肉体,欲望是肉体的欲望,当死神临近时,欲望随着身体一切机能的停止而停止。精神却相反,当一个人精力充沛时,他只能感受到欲望在支配着身体与思维,精神一直被欲望所压抑,很少有机会露面。当肉体开始腐朽时,如果精神还保持着最初的原貌,它便能辨别真伪和善恶。此时,肉体就无法再度抑制精神,精神就从人的欲望中被解救出来,成为最终的智慧。在这样的理论下,邦斯打定主意揭穿茜博太太,保护施穆克,并打算利用欠他人情的头牌舞女爱洛伊斯反击这些贪图他遗产的人们。

巴尔扎克是天才的小说作家,选文的布局同样表现出这两组中人物的鲜明对立,以及两组间的巧妙关系。第一个场景是庭长家,形式以庭长夫人与弗莱齐埃的对话为主,对话内容紧扣财产与权力的主题,人物的语气与用词反映资产阶级内部的权力转移。对话的形式直观地将人物心理展现在读者面前,体现资产阶级贪欲横流的丑恶面目,无论是日渐衰落的大资产阶级,还是逐渐壮大的新兴中小资产阶级。第二个场景是邦斯的家中,这里象征着平民们边缘化的社会生活场景。细微动作的描写和心理刻画取代了直白的对话形式,邦斯清醒的思维状态与施穆克迷茫的心理状况形成对比,邦斯与茜博太太攻防转换使得描写具有典型意义。两个场景的安排体现出自上而下的次序,反映出资产阶级经济浪潮对社会巨大的变革力,以及由此而来物欲膨胀后人性的异化与摧毁。

(李晓斐)

散文

谈谈艺术家

在我们提出的有关艺术尊严这一相当重要的问题中,有一些看法可以说是与艺术家本人有关,现在我们先来研究一下,艺术家在社会上所遇到的许多困难,来自艺术家本身,因为凡是不符合凡夫俗子的一切,便会挫伤凡夫俗子,使他感到拘束,感到不满。

不管艺术家的有力是由于他把人所共有的智能不断运用加以锻炼;不管他所施的威力来自大脑的畸形发展,不管天才是人的一种病,犹如明珠之与河蚌;也不管他的身世是替一部著作下注,是替得之于天铭刻在心中的某一独特思想下注,大家公认艺术家本人并不知道自己的才能的秘密。他的行动是受某些环境所支配,而各种环境的组合正是问题的奥妙之处,艺术家自己做不了主。有一种力量变幻莫测,非常任性,他就是这种力量的玩弄对象,由它摆布。

某一天,吹来一阵风,一切都放松,连他自己都不觉得。即使能得到高官厚禄,百万资财,他也不拿起画笔,不塑蜡制模,哪怕是片断,不写作,哪怕是一行;如果他尝试的话,那么不是他自己在拿画笔,拿蜡或写字的笔,而是另一个人,是他的第二个他,完全像他的人,那个骑马的,爱说趣话的,嗜酒贪睡的,狗嘴里吐不出象牙胡言乱语倒很聪明的人。

某一天晚上在街头,某一天清晨起身的时候,或是在寻欢作乐狂饮的席上,会发生这样的事:一团热火触及这个脑门,这双手,这个舌头;一个字马上就能唤起种种念头;这些念头在滋生、成长、激动。悲剧、绘画、雕塑、喜剧,它们显露的是匕首、色彩、形象和风趣。这是一种幻象,如此短促,转眼即逝,如生死一般;这是像深渊的深不见底,滔滔白浪的壮丽;这是耀眼的丰富的色彩;这是一座群像,无愧于比格马利昂①,得

原文

此绝代佳人,能迷住魔鬼的心窍;这是一个发噱的场面,病入膏肓的垂死者也为之解颐;那些就是艺术家的劳动,把所有的炉火烧得通红;寂静与孤独打开它们宝藏的门;天下无难事,没有不可能,最后是孕育所带来的,掩盖分娩的剧痛的孕育所带来的喜悦,心醉神迷。

艺术家就是这样的人:他是专横的意志的驯服工具,听从这一主子的命令,有人以为他自由自在,其实他成了奴隶;有人看见他兴奋激动,如癫如狂,纵情声色,其实他既无力量,又无主见,等于死人。这种连续不断的对照出现在他的庄严的权力中,虚无的生命中,他永远是一个神或者永远是一具尸体。

想从思想的产物上投机牟利的,大有人在,多半是贪得无厌。寄托在纸上的这种盘算,从来不会那样迅速地成为事实。由此艺术家所许的诺言很少能兑现;由此招来了责难,因为这些在铜钱里翻筋斗的家伙不会理解从事思想工作的人,社会上的人以为艺术家经常能够创作,就像办公室内的仆役每天早上拂去办事员的文条上的灰尘那样容易。由此,也招来了贫困。

不错,一种思想往往是个宝藏,但是这些思想,像分布在地球上的金刚石矿一样稀少。需要长时间地去寻找,或者说等待它们要妥当些;需要在无边无际汪洋大海一般的冥思默想中航行探索,测出深度,一件艺术品是一种具有威力的思想,其威力的程度相当于发明彩票,相当于给全世界带来蒸气的物理观察,相当于生理分析,用以替代在调整和比较事件时所用的旧框框。因而,一切来自智慧的行动,不分高下,并驾齐驱,拿破仑是和荷马同样伟大的诗人;拿破仑写了诗就像荷马打了仗。夏多布里昂是和拉斐尔同样伟大的画家,而普桑②是和安德烈·歇尼埃同样伟大的诗人。

所以,对于一个牧人,在木块上雕了一个非常妙的女像,说:"是

原文

我发现的!"一个牧人,一个在对他并不存在的事物中,在无人知晓的领域中作探索的人,归根结蒂,也就是对于艺术家,外在世界无足轻重!在神奇的思想领域中所见的一切,他们的叙述从来是不忠实的。柯累乔在创作他的圣母像很久以前,早就赞叹他的圣母光艳照人,使他陶醉在这无上的幸福中。像伊斯兰教的国王一样,只是在自己畅美地享受以后才把这个形象交给你们。当一个诗人,一个画家,一个雕塑家,赋予他们的作品以强有力的真实性,那是因为创作的意图和创作的过程是同时实现的。这样的作品才是艺术家最优秀的作品,至于他们自己特别珍惜的作品,恰恰相反,总是最拙劣的,因为他们和理想的形象早就相处已久,感受过深,反而难以表达了。

艺术家在捕捉思想时所感到的幸福是无法形容的。据说牛顿有一天早晨思考问题,到了第二天早晨,有人发现他保持着同样的姿态,而他本人还以为在上一天。关于拉封丹和卡尔当③,也有人提起过类似的实例。

艺术家的创造力变幻莫测,难以捉摸,除此以外,艺术家所特有的这种心醉神迷的快乐,正是招致社会上讲求实际的人的非难的第二个原因,在这些狂热的时刻里,在这些漫长的苦思中,任何杂念不能触及他们,任何金钱的考虑不能使他们动心:他们忘了一切。德·高尔比埃④的话,在这一点上,是千真万确的。是的,艺术家常常只要有"水和面包"就行了。但是,当思想经历了长征,当艺术家和幻想中的人物在寂寞中,在魔术的殿堂里居住以后,他比任何人更需要享受文明为有钱的人和游手好闲的人所创造的舒适的生活。他需要一位莱奥诺尔公主,像歌德替塔索所安排的莱奥诺尔公主那样,关心艺术家的锦绣外套,花边衣领,正是由于经常运用这种出神入化的能力,漫无节制,正是由于对追求的目标深思静观,孜孜不倦,伟大的艺术便招来贫困,潦倒

原文

终身。

如果存在着值得世人感激的业绩,那就是某些女性出于至诚,忠心耿耿,关注与爱护这些光辉的人物,这些拥有世界却没有面包的盲瞽。如果荷马遇到像安提戈涅那样的一个女子,也许她也分享盛名,留芳万世。拉·福尔纳丽娜⑤和拉·莎布里埃夫人,她们至今还在使所有爱好拉斐尔和拉封丹作品的人们深受感动,感激不尽。

由此可见,首先艺术家不是一个,按照黎希留的说法,一个利禄之徒,他不是满脑袋贪图财富的商人。他之所以为钱奔波,只是为救燃眉之急;因为吝啬即是天才的死亡。一个创造者所需要的应该是满腔热情;慷慨赠与,哪能容得如此卑鄙的思想。他的得天独厚的才能就是他的连续不断的贡献。

其次,艺术家在常人心目中是一个懒汉;这两种古怪的现象,都是漫无节制地深思冥搜的必然后果,是两种缺陷,加之一个有才能的人几乎总是来自人民。膏粱子弟,王孙公子,养尊处优,豪华奢侈,已成习惯,不会去选择这一困难重重令人心灰意懒的生涯,纵然他也喜爱艺术,但在他跨进社会朝欢暮乐的享受中,这种艺术感情会失去锐气,变为迟钝。于是,有才华的人原先的双重缺陷之所以特别令人厌恶,正是因为它们,由于他的社会地位,似乎被人看作是懒惰和以贫傲人的结果;居然有人把他的劳动时间目为偷闲,把他的不求名利视为无能。

但是这都还算不了什么。一个人习惯于把自己的心灵当做镜子,让整个宇宙反映在镜中,让不同的地域和风俗,让不同的人物和欲念,呼之即来,挥之即去,随己所欲地呈现在镜中,这样的一个人必然缺乏我们称之为"性格"的那种逻辑和固执。他有点儿像"窑姐"(恕我说话粗鲁),他像孩子一般,什么东西使他惊异,他就热爱它,着了迷。他体会一切,体验一切。看到人类生活中正反两面的这种高度的洞察力,庸

原文

俗的人却称之为判断错误的谬论。因而,艺术家在战斗中可能是个胆小鬼,在断头台上却很英勇;他可能把心爱的情妇当作偶像那样崇拜,后来又并无显著的理由把她遗弃;他对傻瓜们所迷恋的,奉为神圣的最最愚蠢的事表示自己的意见,天真纯朴;他可能毫不在乎自动拥护任何一个政府的人,或是成为一个激进的共和党人,在人们所谓的"性格"中,他表现的却是创作思想的不固定性,他有意识地一任自己的躯体受到世事变幻的摆布,因为他的心灵飞翔在高空,始终没有停止过。他行走,脚在地上,头在天空。他既是赤子,又是巨人。"利禄之徒"一起床就满心希望去看看有声望的人是怎样穿衣打扮的,或是去向上司卑躬屈膝,曲意奉承,他们多么得意啊,面对着这种种永恒的矛盾,出现在一个出身卑微,生活艰难的孤独者身上的这种种永恒的矛盾!他们只等此人呜呼哀哉,成为伟人,然后跟在灵柩后替他送殡。

不仅如此而已,思想可以说是反自然的东西。在太古时代,人类只限于"外在的生活"。而各种艺术,却是思想的滥用。这一点我们没有觉察到,因为我们接受两千年以来的文化遗产就好像后代子孙继承了巨大的财富,却没有想到祖先为积聚这笔家产所付出的辛勤劳动;所以我们不应该忽视,如果我们真正想要很好地理解艺术家,他的不幸和他在世俗生活中养成的乖僻,我们不应该忽视艺术中有超自然的东西,不可思议,最美的作品从来不被人理解。甚至连作品的纯朴也是一种抗力,因为欣赏的人必须知道谜底。广施于内行的人的精神享受,原来隐藏在一所庙堂中,不是随便什么人都会说:"芝麻,你开门吧!"

因此,为了把我们的见解,艺术家自己和外行都不大注意的这种见解表达得更有逻辑性,那么我们就试一试吧,说明一下艺术作品的目的。

塔尔玛才说几个字,便把两千观众的心灵引到同一种感情上去,全场激动。这几个字,是无边无际的象征,这几个字,是一切艺术的综合。

原文

他只用一个表情就概括了这一史诗场面的全部诗意。在每个观众的想象中,便有了画面或情节,被唤醒了的形象和深刻的感觉。艺术作品就是这样。它在最小的面积上聚积了最丰富的思想,它类似总结、概括,然而愚蠢的人,他们又是多数,居然妄想一下子就能看出是部杰作。其实连"芝麻,你开门吧!"这个秘诀还不知道;他们只能对门欣赏,隔靴搔痒。这就是为什么多少诚实的人只去过一次歌剧院或美术馆,便发誓说,下次再也不上当了。

艺术家的使命是要捉住距离最远的事物的内在联系,是要化平凡为神奇,把两件普通的事物接近靠拢,以期收到惊人的效果,这样的艺术家似乎经常在胡言乱语,不合情理。许许多多人都看是红的,他呢,却看出是蓝的,他对事物的底蕴,事物的内在原因,有如此深入的体会,竟使他欢呼祸患,诅咒佳丽;他赞扬某种缺点,他为某种罪行辩护;他具有疯病的各种迹象,因为他采用的手段越是接近目标,看起来好像离目标越远。整个法兰西讥笑拿破仑在布洛涅军营中布置的核桃壳般大小的小艇,十五年后我们才知道英国从来没有像当时那样更接近毁灭的边缘。只是在这个巨人垮了以后,全欧洲才认识到他最大胆的图谋。因此有才能的人整天被看做傻子,大智若愚,在交际场中红极一时的人把他看得毫无用处,只能当个杂货店里的小伙计。其实他的精神看得很远,而世人认为如此重要的身边琐事反倒看不见,他正在和未来交谈。于是,他的妻子便说他是个笨蛋。

(沈 琪 译)

注释

① 比格马利昂:神话传说中的古代雕塑家,他爱上了自己所做的女神雕

赏析

像,后爱神维纳斯给雕像以生命,使之与雕塑家成婚。

② 普桑(1594—1665):法国古典主义画家。

③ 卡尔当(1501—1576):意大利数学家、哲学家。

④ 德·高尔比埃(1767—1853):法国保王党政治家,复辟时代任内务大臣,于1830年退出政治舞台。

⑤ 拉·福尔纳丽娜:拉斐尔的爱人。

赏 析

克里夫顿·费迪曼在最新版《一生的读书计划》中针对巴尔扎克说:"每个人都承认他的成就,但谁也搞不清他的成就到底是什么。"的确,要在众多作品里挑出他的代表作是困难的。总的来看,巴尔扎克的作品对于人类社会关系有着非凡的总体把握和深刻理解,直至今日每个人都能从中读到对自己有益的东西。这篇《谈谈艺术家》显示了巴尔扎克对于艺术活动的精辟理解,也体现出作者对于艺术家社会境况的强烈不满。他明确地提醒世人:应当怎样正确地看待艺术家?

艺术家是个什么样的称呼?什么才是真正的艺术家?

柏拉图的迷狂说把艺术家当作疯子,而艺术的灵感来自他们神志迷乱时感受到的神启,inspiration这个词就兼有"启发"和"灵感"两个意思。19世纪自然科学发展之后,人们试图从大脑的结构上寻找艺术家与众不同的原因,正如巴尔扎克所说,艺术家的威力来自"大脑的畸形发展",艺术家成了一类头脑不正常的病人。也有人认为,作家之所以能写出东西来,是因为他那个时代环境赋予了他可写的东西,作家的个人历史经过变形成了他的故事。早期的传记批评就是这样分析作家生活的世界和他的故事世界之间的关系的。心理学家弗洛伊德具有很深的艺术修养,他在著名的《作家和白日梦》中认为,作家之所以能创作是因为他们有比常人更充沛的幻

赏析

想。作家们若不是找到了"写作"这条现实路径来发泄他们过多的幻想,那么他们很有可能走上精神病的岔道;反过来,经常写作(如写日记)便能及时疏导心理障碍,维护心理健康。

但是不管怎样,巴尔扎克指出,思维工作和其他类型的工作具有不同的特质,以至于艺术家们会显得与众不同。可惜的是,平庸的人们却没有看到这一点,艺术家本来应该和科学家、哲学家等高尚的称呼站在同一等级,但是世人有时候却把从事写作的人看成杂役一般。巴尔扎克年轻时有强烈的成名愿望,渴望成为文学上的拿破仑。但是当他的才能得不到赏识,生活拮据的时候,他便抱怨那些握有金钱和权力的人没有眼光,对艺术家不理解也不尊重,看不到艺术家的才能,反而将他们看成傻子,使有才能的人陷于贫困和低下的地位。的确,在巴尔扎克的那个时代,有钱人读诗歌,看戏剧,可是对小说家却不像今天这样看重。但是巴尔扎克的伟大就在于此:"在他之前,小说不属于主流文学,是巴尔扎克使它登上了大雅之堂,上升为主流文学。如今法国人多数是读小说,而这正是从巴尔扎克开始的。"(《巴尔扎克——文学上的拿破仑》,刊 1999 年 4 月 16 日《环球时报》)

由于当时的社会没有像巴尔扎克期望的那样体谅伟大的艺术家,所以他一生都穷困潦倒,债台高筑。为了还债,他不得不拼命写作。这时,他便强烈地感到,一个艺术家要继续他超越俗事的工作,需要外界提供两个条件:充足的物质和女人充满感情的照顾。于是巴尔扎克一直盼望能得到一个富孀作为支持他事业的妻子。虽然他在这篇文章里辩明:艺术家需要物质享乐只是一种工作后的休息方式。但事实上他本人的确挥霍无度,生活混乱,以至于一生为金钱烦恼。"他之所以为钱奔波,只是为救燃眉之急;因为吝啬即是天才的死亡。一个创造者所需要的应该是满腔热情;慷慨赠与,哪能容得如此卑鄙的思想。"这段话可以看作巴尔扎克对自己生活方式的解释吧。在生命里的最后一段时光里,他终于如愿以偿获得了一个富孀

赏析

作为妻子,但是他们之间并不融洽,新婚不久,巴尔扎克便在精美的房间里孤寂地死去。雨果的《巴尔扎克之死》记录了这些情况。

而另一方面,艺术家之所以能不在乎日常琐事,发疯发傻般地痴迷于艺术,乃是因为艺术有它自己的魅力,恰好能牢牢攥住这些充满才智的心灵。艺术超越时代限制,它"捉住距离最远的事物的内在联系",显示出宇宙和人类的真相。这种魅力是超自然的,常人难以理解的。通常艺术家们的作品不一定能立即得到社会认可,艺术在社会中往往处于边缘地带。就像卡夫卡笔下的"饥饿艺术家"一样,其艺术不单得不到肯定,连人品也遭到了怀疑,这样的世界只会令饥饿艺术家蔑视。这就怪不得司汤达和巴尔扎克都要说,只有未来才能理解他们了。他们的信心是了不起的,可是对于大多数的人来说,尊重那些饥饿的艺术家则是我们应当做的事情。在这里,还需注意的一点是:养尊处优的膏粱子弟们"纵然他也喜爱艺术,但在他跨进社会朝欢暮乐的享乐中,这种艺术感情会失去锐气,变为迟钝"。有多少人占据着"作家"这一高贵的头衔,受人追捧,甚至以文化名人自居,却一个有价值的字也不写!他们早已不是只需要面包和水的艺术家了——人们对他们嗤之以鼻,而把敬意投给那些真正值得肯定的艺术家!

(李文潇)

附录

1799 年
5 月 20 日,出生于法国图尔的一个中产者家庭。

1807 年
进入寄宿学校念书。

1814 年
全家迁往巴黎。

1816 年
前后在律师、公证人事务所实习。

1819 年
1 月,从法学院毕业。即放弃法律职业,开始专心文学创作。

1829 年
发表《舒昂党人》。

1830 年
发表《刽子手》《长寿药水》《沙漠里的爱情》《恐怖时期的一段插曲》。
出版小说集《私人生活场景》,包括《猫打球商店》等。

1831 年
发表《逐客还乡》《不为人知的杰作》《红房子旅馆》。
出版《驴皮记》。

1832 年
发表《信使》《夏倍上校》《被遗弃的女人》。
在《私人生活场景》中收入《钱袋》。

1833 年
出版小说集《十九世纪风俗研究》,包括《欧也妮·葛朗台》等。

1834 年
开始发表《高老头》。

1835 年
发表《改邪归正的梅莫特》《婚约》。

1836 年
发表《无神论者望弥撒》《法西诺·卡纳》。

1837 年
发表《幻灭》第一部、《公务员》。

1839 年
发表《幻灭》第二部、《乡村教士》《夏娃的女儿》。

1840 年
与出版商的信件中,首次提到"人间喜剧"的标题。

1841 年
发表《一桩神秘案件》。

1842 年
《人间喜剧》开始出版。
发表《现代史拾遗》第一部、《阿尔贝·萨瓦吕斯》《入世之初》。

1843 年
发表《幻灭》第三部。

1844 年

开始发表《农民》。

1846 年

发表《贝姨》。

1847 年

发表《邦斯舅舅》《阿尔西的议员》。

1848 年

发表《现代史拾遗》第二部。

1850 年

经过漫长等待,3 月 14 日,与德·斯迦结婚。

8 月 18 日,在巴黎家中逝世。

（闻　怡）

图书在版编目(CIP)数据

巴尔扎克作品鉴赏辞典 / 上海辞书出版社文学鉴赏辞典编纂中心编. —上海:上海辞书出版社,2016.1
(外国文学名家名作鉴赏辞典系列)
ISBN 978-7-5326-4550-3

Ⅰ.①巴… Ⅱ.①上… Ⅲ.①巴尔扎克,H.D.(1799~1850)-文学欣赏-词典 Ⅳ.①I565.064-61

中国版本图书馆CIP数据核字(2015)第288094号

巴尔扎克作品鉴赏辞典
上海辞书出版社文学鉴赏辞典编纂中心　编
责任编辑/杨　凯　辛　琪　技术编辑/顾　晴
装帧设计/姜　明

上海世纪出版股份有限公司
辞书出版社出版
中国图书进出口上海公司　发行

2016年1月第1版

ISBN 978-7-5326-4550-3/I・294

www.ingramcontent.com/pod-product-compliance
Lightning Source LLC
Chambersburg PA
CBHW050801160426
43192CB00010B/1595